震災後の不思議な話

三陸の〈怪談〉【増補文庫版】

宇田川敬介

飛鳥新社

震災後の不思議な話　もくじ

第二幕
「助けて」という願望

第三幕 あの日に帰りたい

第三段　生きている人を引き込む霊

第四幕 見守っています

はじめに

平成二十三（二〇一一）年三月十一日十四時四六分、あの大きな地震があり、その後、荒れ狂う巨大な津波が東北地方沿岸を襲いました。死者一万五八九七名、行方不明者二五三三名、大変な数の犠牲者を出しながら、街々を完全に海の中に水没させてしまった、地震と津波でした。

記録映像を見返すにつけ、あの日、荒ぶる神々が東北・三陸の人々を襲ったように思えてなりません。大地と海が大きく揺れ、地の底から湧きでるような咆哮が空気を切り裂き、暗黒の波が妖気をたたえて、街を呑み込んだのです。人々は、突然自分の身に、そして愛しい人々の身に何が起きたかも、あまりわからないうちに、すべてを失ってしまったのです。ただ、「思い」だけを残して……。そんな人々は、どれほど孤独だったでしょう。いくらお金を持っていても、どんなに仲の良い友人や家族と一緒にいても、旅立つ時は一人で逝かざるを得ないのです。

神々の咆哮が鎮まって、人々の思念が残された街にも新しい朝がやって来ます。急に逝かざるを得なかった人々は「思い」をせめて天に託し、この世とのつながりを切らしたくないと、様々な痕跡を残していきました。その「思いの深さ」が、普段の生活や常識では信じられないような現象を起こしたのです。東北で語られた不思議な話は、「思い」を残した人の夢を宿しているから、あの日からずいぶん経ってしまった今でも、人々の心に訴えかけてくるのです。静かに耳を傾ければ、逝ってしまった人たちの、在りし日の肉声が聞こえてきます。

大震災の恐ろしい記憶とともに、それでも今日を生きていかなくてはいけない、残された人々の無意識の知恵は、「怪談じみた噂」として、犠牲になった人たちが生きていた証をこの世にとどめようとしました。

今は亡き人の、突然途切れてしまった「思い」。志半ばで犠牲になってしまった人々の、無念さゆえに残された「思念」。最後に訴えたかった「心」の姿。

そうした目に見えない人の意思が、人々の噂という「形」をとってこの世に遺していった声を皆さんにも聞いていただき、今は亡き方々の思いのたけを感じていただければと思います。

第一幕

迫りくる危機と虫の知らせ

前段　荒ぶる神々と予知能力

1　井戸の水が引くと地震が来る

二〇一一年三月十一日の朝、宮城県のほぼ真ん中にある、有名な海沿いの神社の井戸から、「水が引いた」という噂が流れ、一種の都市伝説のようになっています。その日、一度水が引いたあと、次に出てきた水が海水のような塩水になっていた、というのです。

その神社は小高い山の上にあるため、そこまで津波が来ることはないのですが、しかし、神社の職員の方は慌てて街に下り、氏子さんなどの関係者に「今日、地震と津波が来るかもしれないから気をつけるように」伝えたといいます。その神社には古くから「井戸の水が引いたら地震が来る。井戸の水が塩水になったら津波が来る」という言い伝えがありました。町のほうでも「地震が来たら神社に逃げろ」と言い伝えられていたそうです。実際、その地区では地震のあと、多くの人が神社に逃げて助かったといいます。

東北の人がとくに信心深いとか、その神社への信仰が特別に深いということではありません。三陸にはこうした言い伝えが多く残っていて、それに従った人々が地震を察知し、あるいは危機から逃れることができた、という話を今回、いくつも聞いたのです。

しかし津波については、言い伝えと現実はかなり違ったようです。岩手県と宮城県の境に近い、有名な港に挟まれた山がちな町では、地震が起きたら海を見に行くという慣習がありました。津波が来るなら船を沖に避難させなければなりませんし、養殖施設などがどうなったか、確認する必要があるからです。そこで大きな引き波があれば、次に津波が来るという言い伝えでした。しかし、この三月十一日は様子が違ったといいます。リアス式海岸の崖の上で海を見ながら話をしてくれた大和田

さんによると、

「いつもの津波とは違って、海の沖の方がいきなり光ったんだ。引き潮がまったくないから津波は来ないと思っていたので、多くの人が海辺に立って海を見ていたさ。そうしたら、海から大きな音が聞こえて、沖から大きな塊が走ってきたみたいに波が盛り上がった。引き潮がないのに津波が来た。俺はリアス式の崖にはしごをかけておいたから、それを昇って助かったが、海岸に立っていた人の多くは津波のあと、いなくなってしまった」

大きな海の塊は、大和田さんの個人的な意見として「海坊主」とか「クジラ」のような大きくて丸いものが走ってきたように見えたということです。

「自分がこれまで聞いてきた、津波についての言い伝えとは違った。違っていたから被害が大きくなったのだろう」

大和田さんは悔しそうに言うのです。

2　災害に対する先人たちの知恵

では、今ほど地震や津波への科学知識が発達していなかった昔の地震や津波では、もっとずっと被害が大きかったのでしょうか。必ずしもそうとは言い切れません。昔の人のほうが、科学の力を借りなくても、自然と共存する暮らしをしていました。つまり自然からさまざまなことを教えてもらっていました。現在の科学ではわからない何かが、そこにはあったのかもしれません。

現代の科学的世界から少し離れて、先人の知恵を垣間見てみましょう。

科学がない時代、地震は神やナマズのような妖怪が起こすものとされました。自然災害は、普段は静かで、豊穣をもたらしてくれる神々が、何らかの理由で「荒ぶる神」になって、人々に何かを知らせようとしたり、反省を促すという理屈です。

近代以前の日本人は、今のような個人主義ではありませんから、禁を破った場合、村全体の連帯責任になります。

災害が起きれば、昔の日本人の感覚としては、祈るしか手立てがありません。自然に対して祈り、荒ぶる神々の怒りが収まるのを待っていたのです。日本の神々は「八百万の神」ですから、災害を引き起こす荒ぶる神もいれば、村人の願いを聞いて、それを収めてくれる神もいます。

つまり災害を引き起こす「荒ぶる神」の怒りを鎮め、ほかの神々の力を借りて村落共同体を維持し、自然と共存するわけです。荒ぶる神も怒りさえ鎮まれば、また元のように人間に豊穣をもたらします。日本の神は「破壊」もしますが、一方で、「創造」する力も持つのです。破壊と創造は反対のようですが、創造したものはいつか破壊され、また破壊された後には新たなものが創造されることになります。

黄泉の国に行った伊邪那岐命（いざなぎのみこと）が、みそぎを行うと、多くの神々が生まれました。黄泉の国は、伊邪那美命（いざなみのみこと）のような、命を失った者が行くところですが、同時に、失われた命が再生して新たな命を産むところでもあるのです。科学が発展した現在でも、日本人の心の中には、そうした死と再生をめぐる考え方が残っているように思います。

神々に助けられる人の条件とは何でしょうか。悪いことをしていない人、罰当たりなことをしていない人というだけではなく、「自然に近い生活をしている人」というカテゴリーがあるのではないでしょうか。日本では、森羅万象すべてに神々が宿ると考えられています。その神々に穢れがついてしまうと力がなくなり、穢れが溜まると怒り出して「荒ぶる神」に変化します。さらに穢れが固定化してしまうと、妖怪や物の怪に変化します。万物に神々が宿っていることを認識し、元来の役割の通りに、自然に扱えば秩序は保たれます。自然の定めに従うこと。日本人の場合、何か特別なことをしなくても、普通に生活していることが、自然に逆らわないという意味で、重要なのです。

ことわざの中にも、「困った時の神頼み」というのがあり、一神教のように常に神を意識するのではなく、通常は、自分の倫理観や道徳に従って行動するのが日本的な感覚です。逆にいえば、自然や神々と共存している限り、それほど逸脱した行動はしないというのが前提です。たまに自分を甘やかしてしまったり、羽目を外したりすることもありますが、困った時だけ神様にお願いして、なんとかしてもらう。日本人の多くは、現在でも神様という存在に対して、そのように思っているのではないでしょうか。

3　災害に関する言い伝え

東北地方には、自然災害に関連するいろいろな言い伝えがあります。非科学的なもの、科学的にある程度理由がつくもの、さまざまです。

たとえば岩手県では「蛇が一斉に木に登ると水害が来る」といわれます。また宮城県では「蛙が高いところに登ると洪水。蜘蛛が上の方に巣をかけると洪水」というように、蛙や蜘蛛が登場します。蛇は龍とともに「水神」の一つとされます。水神の化身である蛇が、一匹二匹ならまだしも、一斉に木の上に登るということは、水の異変との関連が何かあるという言い伝えです。蛙や蜘蛛も、地域によっては神の使いとされ、神の意向をよく知っているものとされます。神々が怒り、荒ぶる神になりそうな時、使者として前兆を伝える役目をもっているのです。

同じように、「カマキリが高いところに巣を作ると洪水が起きる」「カラスが高いところに巣を作ると津波が来る」という言い伝えもあります。「巣を作る」のは「子供を守る」、まだ黄泉の国から出てきて間もない命を守る、ということです。カマキリは鎌を持っていることから「稲の神様の化身」とされますし、カラスは、神武天皇が東征をした時に熊野から大和への道案内をした八咫烏に通じて、「神の使い」であるとされます。熊野神社や、宮島の厳島神社では、今でも神の使いとしてカラスを大事にしています。江戸時代の古典落語「三枚起請」では「仇に起請を一枚書けば、熊野でカラスが三羽死ぬ」というようなセリフが出て来るほど、カラスが神の使いであるという観念は一般に知られていました。「カラスが頭の上で鳴くと不吉なことが起きる」とか、「カラスが鳴きながら上を三回まわると、その人は死んでしまう」などの迷信があるのは、神の使いであるということを無意識のうちに意識しているからではないでしょうか。

神に近い動物や、神の化身とされるものが、普段と違う行動をとった時に、災害が起きるという言い伝えは、日本各地に残っています。津波に関していえば、「雉が鳴くと地震が起き、そのあと雉が鳴かなければ津波が来る」という言い伝えが、岩手県から宮城県にかけて残っています。

変わったところでは「異常な大漁の翌年には、大津波が来る」（岩手県）などという言い伝えもあります。科学的な根拠は全然ありませんが、海の中の、人間の知らないところで何かが起きていて、魚が海から逃げるように網の中に入ってきてしまうというのです。実際、大正十一（一九二二）年の大漁の翌年である大正十二年には関東大震災が起きています。また「昭和三陸大津波」といわれる三陸の大津波の前年は、「昭和七年未曾有の大漁」といわれたほど、魚の大群が岸に押し寄せ、スルメイカが波打ち際に、大量にうち上げられる事象が発生していました。科学的な根拠はなくても、統計的、経験的には正しいということなのでしょうか。

日本の神々は、「まじめに」「自然とともに」暮らす人に、事前に「大災害」があることを知らせると信じられてきました。そうした言い伝えの中に、注目すべきものがあります。岩手県の「地震と津波がある時には、なんとなく津波の供養塔やお地蔵さまに目が向く。そして何かを教えてくれる」というものです。どんな人にも何らかの予知能力があって、それに気づくかどうかが、神の御技（みわざ）ということなのかもしれません。

4　童話「みちびき地蔵」

この言い伝えの特徴をよくあらわす、東北の古い童話があります。「みちびき地蔵」というお話です。

ある時、漁を終えた母親が、幼い息子を連れて家路を急いでいました。途中、幼い息子が眠ってしまったので、少し休んでいると、たまたま「みちびき地蔵」の目の前の場所でした。「みちびき地蔵」には、「死ぬ人が前日にお参りに来る」という言い伝えがあります。幼い子供が寝ているので、母親は何気なく地蔵を見ていると、村のお婆さんがふわふわ浮かんで地蔵を拝みに来て、そのまま天に昇って行ってしまいました。「あのお婆さんは病気だったからなぁ」そんなことを思っていると、今度は村の若い男性が来て、また昇って行ってしまいました。「若いのに、事故にでも遭うのかな……」そんなことを考えていたら、次々と大勢の人が拝みに来て、みちびき地蔵の前にふわふわ浮かぶ人の列ができてしまったのです。中には馬や鶏も入っていましたので、母親は「これは明日、何かが起こるのかもしれない……」と、恐ろしい気持ちになったのでした。幼い息子を起こして、急いで家に帰り、夫に見たままのことを話しましたが、まったく信用してくれません。果たして次の日、いつものように浜で漁に出た母親は、なんとなく不安な気持ちでした。すると津波が押し寄せてきたのです。母親と幼い息子はいち早く丘に登って助かりましたが、村は津波にのみ込まれてしまい、昨日見たお婆さんや若い人、そして馬もすべて流されてしまったのです。「昨日見た光景は、本当だったんだ……」と、おののきながら母親は納得し、その後も「みちびき地蔵」は死者を導くありがたいお地蔵様として、線香や献花が絶えなかったといいます。

宮城県の民話です。テレビなどでも紹介されましたから、記憶にある方もいらっしゃるかもしれません。

私たち人間には不思議な能力がある。でも「みちびき地蔵」のお話の中の夫のように、せっかく知らされても「まさか」と信じなかったり、日常に埋没してしまったり、という人もいるかもしれません。でも、ごくまれに何らかの形で「予知」ができてしまうことがあり、「助けられる」ケースもあるのです。

第一段 「虫の知らせ」とは

1 予知について

ここでは「予知」があったとするお話をご紹介します。なぜこの人たちが「予知」できたのか、なぜ「信じる」ことができたのか、理由はわかりません。もちろん、占い師の仕事をしているのでもない、普通の生活者ですし、何かの宗教に熱心な人でもありません。特別に自然と寄り添って暮らしているのでもありません。しかし、ここでご紹介する人たちは、いわゆる「虫の知らせ」のような形で、震災や津波という大きな災厄ではなく、もっと細かな、小さいレベルで身近な人の危険を察知し、感じとることができたのです。そういう意味では「自分の感覚を信じて対処した」ということなのかもしれません。震災と津波の怪異譚をお話する前に、まず、「震災と津波が起きる前の不思議な話」をご紹介したいと思います。

2　母の愛

この話は、二〇一一年の震災直後、私が関西に出張した際、阪神淡路大震災との比較が話題となった時に聞いたものです。取材ではなく、マイカル時代の知り合いとの会話の中で、「今回、こんな不思議なことがあったのよ」という話が出たのです。この信子さんご本人から、大阪の梅田駅近くの喫茶店で、他の仲間とともに興味深く聞かせていただきましたが、その時はあまり気には留めていませんでした。

大阪にいた信子さんは、震災前、毎日のように同じ夢を見ていた。
それは、たくさんの人が水の中に沈んでゆく映像であった。そこで、ちょうど会社で出張があった自分の息子に、「絶対に東京から先には（北に）行かないで」と強く頼んだ。何かが起こることはわかったが、その時期、時間は何もわからない。しかし、そのまま息子を行かせてしまうと、息子が遠くに行ってしまう気がして仕方がなかった。

息子が出張に出かけた当日の夜、夢の中で息子が苦しそうに顔をゆがめ、消えていった。うなされて目を覚ました信子さんは気が気ではなくなり、夜中にもかかわらず息子の携帯に電話した。

「わかったよ母さん。東北出張は明後日に延ばしてもらったから大丈夫だよ」

「本当かい」

「ああ、ちょうど東京で溜まった仕事があったから、それを先にやることにしたんだ」

「良かったよ」

果たして翌日、午後三時にテレビが一斉に切り替わると、津波のニュースが始まった。そう、三月十一日だったのだ。息子は大丈夫か、そう思った信子さんにすぐに電話があった。

「母さんのおかげで助かったよ」

息子の声がした。息子の行くはずだった場所は、津波で建物すべてが流された。出張の日程をずらしていなければ、津波の被害に遭っていたという。

信子さんは、そんなに霊感が強いわけでもなければ、今まで予言が的中した経験もない。普通の主婦である。しかし、この時だけは違ったようである。一回きりの出来事であり、その後、信子さんが何かを予知することもなければ、予言めいたことを口走ることもない。宝くじもずっと外れが続いているそうだ。

東北とは地理的にずいぶん離れた、大阪の話です。「虫の知らせ」というパターンの怪異譚でしょう。親しい人が入院した後、離れたところにいる近親者や関係者に何かが起こり、それがちょうど本人が亡くなった時間だったと、あとからわかる。亡くなったはずの人から電話がかかってきたり、本人がなぜか目の前の庭先などに会いに来た、というものもあります。それと同じで、お母さんの息子さんを心配する愛情が深かったから、何かが見えたのかもしれません。本当のところはよくわかりませんが、息子さんに対する愛着が、特別だったということではないでしょうか。

「魂は千里を走る」といいますが、人を助けたいという思いがもたらす予知力に関していえば、人の心に、物理的な距離は問題ではないのかもしれません。

3　母を守った息子

次にご紹介するのは、やはり震災の年の夏に、知り合いの保険の外交員さんから聞いた話です。埼玉の異業種交流会のイベントで会話した相手が保険のお仕事をされていて、岩手県の保険外交員の知人から聞いた話をしてくれたので、印象に残っていました。その後三年ほどたって、本書を書くため再度連絡を取り、お話をもう一度伺って確認しました。又聞きなのが残念ですが、やはり不思議な話です。

これは千葉県に住んでいる人が震災後の五月頃にブログに書いた、知人の保険外交員さん（女性）から聞いたという話。

その外交員さんの夫は、末期の癌で千葉の病院に入院していました。三月七日になって主治医から「もう長くはないから家族を呼んだほうがいい」と言われたので、その女性は岩手県に住む夫の母親と兄弟たちに連絡しました。三月九日ごろ、昏睡状態になった夫のもとへ、岩手県に住む年老いた母や兄弟たち親族一同がかけつけました。母は足が悪く、歩くのも困難でしたが、それでも息子の最期をみとるため、千葉まで来てくれたのです。

そのまま昏睡状態が続き、結局この世を去ったのは三月十三日でした。

その間に、あの震災が起きたのです。兄弟たちは岩手に帰りましたが、母親の家（実家）は津波に呑まれて壊滅しました。もし足の悪い母親が岩手に残っていたら、間違いなく津波に呑まれていただろうとのこと。

それから母親は岩手に帰らず、千葉にある息子の家で嫁（保険外交員の女性）と一緒に暮らすことにしたそうです。これは偶然といえば偶然ですが、結果的にその女性の夫は、自分の命が尽きる間際に、母親や兄弟たちを千葉に呼んで、津波から助けたことになります。

この話は「単なる偶然」といわれてしまえば、それだけかもしれません。しかし、

どこかに「偶然だけではない何か」を感じる人もいるのではないでしょうか。

通常「幽霊」といえば「うらめしや」と出てくるのが相場になっています。「恨めしい」のは、「自分は死んでしまったのに、他の人は生きていて恨めしい」ということでしょう。死んだ後成仏できず、この世にさまよっている。だから「幽霊」ですが、生きている側は「道連れ」にされてしまうのでは、との恐れを抱くものです。

しかし、本当に相手のことを思っている関係なら、道連れにして一緒に死ぬのではなく、相手にはなんとか生きていてほしい、と考えるのかもしれません。「心配」という言葉は「心を配る」と書きますが、この女性の夫は、まさに「自分が生きている間に、足の不自由な母親に対して心配りをした」のではないでしょうか。

この話は、ご主人が末期の病で、もうじき亡くなるということ、本人もその死を受け入れていることが前提になっています。「自分が死ぬ」ということがわかり、受け入れた時に、日本の神々は、「親しい人の運命」や「近い将来の災害」を教えてくれるのかもしれません。「死ぬ」というよりも「神々の世界に行く」という感覚で、元気なうちはわからない、神々の領域の一部のことがわかるようになるのでしょうか。もちろん、科学的に証明できるはずもありませんが、そうであってほしい、たとえ本当は偶然にすぎなくても、この女性の夫の心配りであってほしい、と考えるのが、私たちの人情ではないかと思います。

4　もう会えないかもしれない

宮城県の仙台市にほど近い、とある町で取材した話です。この町には以前、私が勤めていたマイカルの店舗があったことから、個人的にも知り合いが多く、そうした知己をたどって縁日の催しをするため、避難所の一角で屋台村を開いた時に、じっと私の顔を見ていたのが優子さんでした。実はこの話を聞いた後、まだ本など書くつもりもなかった私は、彼女に「私に黒い影はついていませんか」と思わず冗談で聞いてしまったのですが、彼女は「大丈夫」と笑顔で返してくれたのが、今から考えれば救いだったように思います。

「じゃあね」

普段どおりの、何気ない言葉でした。毎日同じ学校に通い、もうすぐ卒業の時期でした。優子さんは、すでに県外の高校に通うことが決まっていた典子さんと、校門の前で別れるところでした。ちょうど午前中までの授業で給食もなかったために、帰ってから何をしようかというような感じでした。

「ねえ、優子」

「なに？」

「私たち、ずっと友達だよね」

典子さんは、なんだか急に不安そうな顔をした。

「どうしたの、急に」

「うん、何でもないんだけど、急にもう会えないかもしれないと思って」

「なんで、明日も一緒じゃない」

「そうだね」

いつも元気な典子さんは、珍しく元気のない声でそういって、くるりと振り返った。

「典子」

優子さんも急に不安になって、典子さんを呼び止めようとした。しかし、その「典子」という声は声にならなかった。優子さんには、典子さんの身体全体に何か黒い影がまとわりついていて、背中から腰にかけて、何か人のような、鬼のような、奇妙な生き物がしがみついていたように見えた。何かの見間違いかと思って、一度目をこすってみると、いつもの典子さんの背中だった。何だったんだろう、優子さんは恐くなって、家の方角に走って行った。

その日の午後、震災と津波が町を襲った。典子さんは行方不明になったまま、現在も見つかっていません。今でも優子さんが考えるのは「あれは何だったのか」ということです。もうあの時点で、典子さんの運命は決まっていたのだろうか。そして、どうしてあの時「ずっと友達だよ」といってあげられなかったのだろう。

「予知は、誰でも、必ず何らかの形で来るんです。そして、その予知を活かせるか活かせないかが問題なんだな、と思います。あの時少し勇気を出して典子に教えてあげれば、典子は助かったかもしれない。そう思っているんです」

切ない話です。ここで「予知」したのは友達の典子さんのほうで、予知しながらも行方不明になってしまったのです。優子さんは、その典子さんにまとわりつく黒い影に気づきましたが、それが震災や津波につながるとは、考えもしませんでした。なぜ優子さんは災害の発生と結びつけられなかったのでしょうか。本人は無意識だったでしょうが、たぶん、学校帰りというあまりに「日常的」な場面だったので、現実離れした「震災」という大事件に、頭が切り替わらなかったのだと思います。

童話「みちびき地蔵」も同じで、なんとなく不安を覚えた母親も、はじめにお婆さんがふわふわと浮かんで来た時に、あのお婆さんは病気だったからと考え、さらに若い人が来ても、事故でも起きるのかな、というように、「日常にありうること」に結びつけて考えてしまっていました。それまでは「震災や津波」を思いつくことはなかったことからも、日常の「いつもと同じ」という圧力から脱けだして、想像力を働かせることが、いかに困難かわかるでしょう。

優子さんのケースでは、もし、典子さん以外の人たちにも黒い影が見えていたら、きっと違うことを考えられたのかもしれません。そして典子さんに言葉で伝えることができたかもしれません。しかし、ほかの人に同じ凶兆が見えたわけでもないし、優子さんは怖くなってしまって、典子さんに声をかけられなかったのです。

典子さんはどうだったでしょうか。話を聞くことができないので、何とも言えませんが、「もう会えないかもしれない」と感じたことは確かです。それは口に出して言ってしまうほどの不安でした。もう会えない、自分が消えてしまうかもしれないと直感で察したのかもしれませんが、むしろ、優子さんに心配をかけないように、それ以上のことを言わなかったのかもしれません。そう考えると、不安というより、もっと確信的な思いだったのかもしれず、残された優子さんにとっては、やりきれない気持ちになるのでしょう。

そういう背景を考えてゆくと、「予知」は誰にでもやって来るが、それを活かせるかどうかが重要だという、優子さんの最終的な感想が心に響きます。まさに、日常の中に非日常の「魔」が入り込む時に、予知の感覚に「素直」になった優子さんが結果的に助かり、もともと予知ができていた典子さんを救ってあげることができなかった。そのことを心の中で後悔している可能性が高いということです。

現代に生き、自然に寄り添う生活も、神々とも徐々に無縁になってしまった私たちにとっても「自分の感覚に素直に従う」必要があるのかもしれません。

第二段　生死を分けた不思議なできごと

1　てんでんこ

実際に地震や津波が襲ってきた時、生死を分けるものはいったい何でしょうか。予知の段階では、まだ現実には何も起きていませんから、生死を分けることが何なのかわからず、このままでは危険な目に遭う、ということだけです。それが死につながるかどうかもわからないのです。

しかし、実際に地震や津波が目の前に襲ってきた時には、一瞬の判断といくつかの偶然で、生死が決まってしまいます。その判断や偶然について、災害が終わってから、あとになって冷静に考えれば、いくらでも理由や理屈をつけることができるのですが、実際にリアルタイムでそのようなことを考えながら、行動できるものではありません。

私自身、阪神大震災の時、被害の大きかった西宮市にいました。「地震だ！ 火を消せ」といった標語は知っていましたが、あの巨大地震のさなかで、そうした標語を知っていても役には立ちません。そもそも体験したことのない衝撃の揺れを「地震だ！」と認識することが難しいのです。冷静な判断もできませんし、ゆっくり自分の判断や行動の理屈を考えている余裕もありません。咄嗟に、自分の信じる方向に向かって動く。それしかないのです。

岩手県に「てんでんこ」という言葉があります。「津波の時はてんでんこ」というのだそうですが、これは、「津波が来たら、取るものもとりあえず、肉親にも構わずに、各自てんでんばらばらに一人で高台へと逃げろ」「自分の命は自分で守れ」という意味だと、一九九〇年に開催された第一回「全国沿岸市町村津波サミット」で紹介された防災標語です。その際の説明によると、逆に「自分自身は助かって、他人を助けられなかったとしても、それを非難しない」という不文律でもあるとされますが、それは利己主義ではなく、互いを探して共倒れするのを防ぐという意味だと理解されています。

実際に東日本大震災で、この「てんでんこ」の教えを守った、岩手県釜石市内の小中学校では、全児童・生徒の約三千人が即座に避難。生存率九十九・八％という素晴らしい成果を挙げたのでした。

理屈を考えているひまはなく、咄嗟の判断、普段からの教えや言い伝えに従って行動することが「生死を分ける」のです。

しかし、本当にそれだけでしょうか。

不思議な力で、咄嗟の判断を間違わなかったり、あるいは九死に一生を得たという話を聞きました。もちろん「てんでんこ」のような普段からの意識づけや訓練が大事なのですが、それだけではなく、本当に何か不思議な力が働いたのではないか、という気がしてならないエピソードを次にご紹介します。

2　道しるべ

岩手県の、ちょうどリアス式海岸の地形が始まる街で、震災から三年ほど経過したころに聞いた話です。当時、津波をかぶった土地はすべて更地になっていましたから、リアス式海岸で小高くなっているところには木がさかんに生い茂っているのに、街があった場所には建物などが取り払われ、何もなくなってしまっているので、その落差が前よりも大きく感じます。ちょうど車を停めて、お昼を食べた食堂で会ったのが、宅配便の配達をしている陽太さんでした。実は私がこうして元気にしていられるのは、こういうことがあったからなんですと、ずいぶん昔の出来事のように話してくれました。

陽太さんはその日も、宅配便の仕事をしていました。午後の配達と集荷をこなして、いつもの通りに海沿いの道を走っていると、急に地面が揺れました。

地震です。陽太さんは慌てました。歳が若く、社会人になってからそれほど時間がたっていない陽太さんにとって、忘れられないおばあちゃんの言葉がありました。

「地面が揺れたら、すぐに高いところに行け。他の者など何もかまうな。すぐに海が襲ってくるでのぉ」

そのおばあちゃんは、当時すでに（震災の二年前）亡くなっていました。しかし、陽太さんの心の中には、いつもおばあちゃんの教えがありました。まだ独身の陽太さんにとって、そのおばあちゃんに曾孫の顔を見せられなかったことは心残りですが、それでも、祥月命日には墓参りを欠かしませんでした。それほどおばあちゃんが、陽太さんの中に生きていたのです。

「すぐ高いところに行かなきゃ」

しかし、海沿いの一本道で山側に曲がる道などは見えませんでした。事故でもあったのか、道沿いに車を寄せて様子を見ている人がいるのか、渋滞が発生し、車はまったく動かなくなってしまいました。

「このままではまずい」

陽太さんは、少し手前に山側に曲がる道があったことを思いだし、かなり強引にUターンをしてアクセルを踏みました。

まだ津波が来る気配はない。津波がある場合、地震の後、大きく水が引くという。そしてそのあと一気に海が襲ってくる。おばあちゃんは子供のころの話として、そんなことを教えてくれた。それが本当なら、まだ水が引いている感じはない。それでも、高台に避難したほうがいいに決まっている。陽太さんは焦りました。

「そこを右じゃ」

不意に、陽太さんの耳元で、厳しい、でもどこか懐かしい声がした。陽太さんは驚きましたが、深く考える間もなく、そのまま右にハンドルを切りました。

「次を左」「そして右じゃ」

声は耳の中で、カーナビとは違う音質でずっと響いていました。陽太さんはどうしてもその声に抗うことができず、いわれるがまま、ハンドルを操作しました。声に導かれた道路には、渋滞がなく、車や人の姿もまばら。思ったよりも早く高台につくことができました。高台が近づくころには、耳元の声もしなくなっていました。少し広いスペースに車を止めて振り返ってみると、眼下には今までと全然違う光景が広がっていたのです。ほんの少し前まで走っていた海沿いの道は完全に海中に没し、走ってきた途中の家の屋根も、やっと見えるくらいになっていたのです。そして第二波と思しき黒くて高い水の壁が、すでに水没した街をふたたび飲み込もうとしていたところでした。

「助かった」

陽太はそう思った、しかしもう一つ不思議だったことは、

「あの声はなんだったのか」

ということでした。おばあちゃんの声に似ていたようで、自分の知っているおばあちゃんの声ではなかったように思えます。しばらくたってから、山の中腹にある陽太さんの家に戻ると、家族は停電中の家で無事でいました。両親にその日の出来事を話すと、

「おばあちゃんのお母さん（陽太さんにとっては曾祖母）が、昭和三（一九二八）年の津波で亡くなっているのよ。きっとひいおばあちゃんが、あなたのことを助けてくれたのね」

厳しいけれど、どこか温かい声は、きっとひいおばあちゃんだったんだ。陽太さんは今でもそう信じています。

くりかえしますが、阪神大震災や東日本大震災のような巨大すぎる地震に見舞われ、揺れを感じた時に「地震だ！」とすぐに気づくのは難しいのです。日常で経験する「地震」は、大きくても震度４程度ですから、それ以上になると、爆発や墜落など、ほかの衝撃だと頭が勝手に判断してしまうのです。「陽太さんのおばあさん」はそのあたりの感覚まで鋭かったのか、「地震」という言葉を使わずに、「地面が揺れたら」という言い方で孫に教えていたことがすごいと思います。地震であろうがなかろうが、とにかく揺れを感じたらこうしなさい、というのが、咄嗟の判断の時に、最も重要な教えなのかもしれません。

自然を観察しつづけてきた先人の古い教えを守り、継承する、そういう一途なまじめさが、「不思議な声」が聞こえるきっかけになったのではないでしょうか。こういう不思議な力に助けられた東北の方には、陽太さん以外にもお会いしたことがありますが、お話を伺っていると、「古くからの言い伝えやしきたりに素直である」

という共通の性格をお持ちのような気がします。自然の猛威に理屈で立ち向かうのではなく、先人の教えを謙虚に受け入れて暮らすことが大事なのかもしれません。

怪談では「不思議な声の言うとおりにしていたら、死にそうな目に遭った」というパターンの話のほうが多く語られがちです。たとえば、カーナビに目的地をセットして、その音声の通りに車を動かしていたら、全然知らないところに来てしまい、もう少しで崖に落ちるところだったとか、危ないところを急ブレーキで止まったら「もう少しだったのに」という声が聞こえた、というようなものです。

こうした怪談では「不思議な声」は、「生きている人を死者の世界に引きずり込む」ことになっています。しかし、陽太さんの場合はまったく逆です。そのまま漫然と運転していたら、津波に巻き込まれてしまうわけですから、霊もわざわざ声を発して指示し、死者の世界に招きいれる必要もなかったわけです。高台に向かおうとしても道がわからないのですから、津波のほうに誘導することも簡単だったでしょう。しかし、陽太さんに聞こえたのは、助けてくれる声だったのです。そして、その声を陽太さんは疑うことなく受け入れました。陽太さんには、「助けてくれる声」であるということを、なんとなくではありますが、信じることができたのかもしれません。その認識に理由はありません。母親が子供を諭す声には、表面的には怒っていても愛情があふれている、そうした声を受け手の側も理解することができた、というのに近いのではないでしょうか。

陽太さんの場合は、あとから「曾祖母」ではないかと判断したとのことですが、もしかすると、もっとずっと昔のご先祖様なのかもしれません。この不思議な出来事の後、陽太さんは、自分が助かったのは先祖のおかげだと考え、今まで以上に熱心にお墓参りに行くようになり、またお祭りにも積極的に参加するようになったと私に話してくれました。

3 水の中で

岩手県は東日本大震災で、消防団の犠牲が非常に多かったところです。その理由を岩手県三陸のほぼ真ん中の街で聞いたところ「ここは消防団出身で有名な政治家も出ているし、自己犠牲の精神、他人を助けることに誇りを持って消防団を志願する人が多い」と聞きました。その消防団の事務所に、震災から二年半後、話を聞くために訪ねたところ、酒を飲みながら話をしてくれたのが繁さんと、その上役の人でした。繁さん本人は「何があったか（本当のところは）わからないから」と言って、あまり踏み込んで語らなかったのですが、むしろ同席していた上役の方のほうが饒舌だったので、印象に残っています。なお今回の犠牲を教訓として、消防団の入団の誓約書は震災の後、「自分の安全を考慮した上で」救助活動にあたる、という一文が付け加えられたと聞きます。

津波は突然、襲ってきました。消防団として救助にあたっていた繁さんが、海辺を三人一組で移動中、突然「ゴーッ」という轟音とともに、堤防を乗り越えて黒い波が襲ってきたのです。繁さんたちは慌てて逃げようとしましたが、まったく無力で、あっという間に三人とも黒い波に飲み込まれてしまいました。

水の中では、身体が引きちぎられるかと思ったほど、ぐるぐると回転しました。水中の流れがあまりに激しく、手足を伸ばすとちぎれてしまうような気がしたので、身体をひたすら丸めていました。一緒にいた二人はすぐに見えなくなってしまいます。黒く濁った水の中に、家の破片や鉄パイプや、さまざまな形のがれきが目の前を生きているかのように舞っていて、視界も遮られ、探すことすらできなかったのです。

繁さんは苦しかった。しかし、どんなにもがいても何もできず「このまま死ぬのか」と思ったそうです。その時、急に何本かの手が水の中から出てきて、繁さんを水の上へ押し上げたのでした。「本当のところは、石とか、流されたものに押されただけだったのかもしれません。でも私にはそんな堅い感触ではなく、人の手のように温かく柔らかい感じがしたんですよ」繁さんは、不思議そうにつぶやきます。

突然の感覚に、不思議に思って目を開けると、苦しくて意識を失う直前の幻覚かもしれませんが、やはり「手」が目の前に何本も出ていて、自分を水の上に押し上げたのを見たといいます。無意識のうちに子供の笑い声が聞こえた気もしました。やがて、自分の身体が、波間に浮かんでいる屋根の上に押し上げられたとわかった時に、「これで助かったね」という声が水の中から聞こえたように思いました。子供や大人の数人の笑顔が見えたようでもあったのです。

水難事故などを何度も経験している消防団の繁さんにとって、水の中の手というのは、生きている人を死者の国である水の底に引き込む存在だと思っていました。しかし、自分を押し上げてくれた手は明らかにその逆で、繁さん自身を助けてくれたのです。

「いや、意識を失う直前でしたから、そうした幻覚が見えただけなのかもしれません。でも、私にとっては、何人もの人が私を水の上に押し上げて、助けてくれたような気がしているんです。もちろん実際に、そんなことはあり得ないでしょう。そもそも津波でたくさんのがれきが流れている水中で、何人もの人が一緒になって一人を押し上げるなんてできるはずがありません。でも、私にとっては、何人かの手が押し上げてくれたのが見えて、それで助かった。そのように納得しているのです」

実際に繁さんは、海岸から遠く入った、内陸の屋根の上で気を失っているところを発見・救助されました。救助した人は、気を失っている繁さんが安らいだ表情をしていて、背中などに無数の掌の跡があったのを見て不思議に思ったそうです。

「どうして私が助けてもらえたのでしょうか。今でもよくわからないんです。長い間消防団をやっていたので、誰かがそれを見てくれていた。私はそのように考えるようにしています」

東北の消防団は、結束力も強く、また、自分の命を顧みずに勇敢に救助に向かうことで有名です。津波の到来を自分の家族や周囲に報せたあと、お年寄りの救助に向かい、そのまま犠牲になられた方も少なくありません。自分の命を顧みずに他人を助けるという尊い覚悟は、私たちの心に深い印象を残したのではないでしょうか。この話を聞かせてくれた繁さんも、そうした使命感の強い消防団員の一人です。

ところで、怪談で「水の中から手が出る」というパターンの多くは、生者を水の中に引きずり込む話です。たとえば皆で遊びに行き、泳いでいたある友人が、崖の上から水に飛び込んだ。ところが飛び込んだ友達がいつまでたっても上がってこないので、心配していると溺死体で発見される。後から撮影したフィルムを現像すると、友人が飛び込む時に偶然撮った写真で、水面に無数の手が出て、友人を引きずり込もうとしていたのが写っていた、というような話です。しかし、今回は、このパターンの逆で、繁さんを水の上に押し上げ、助けてくれました。しかも、大勢の見知らぬ人々が助けてくれたというのです。

本人も断っているように、幻覚だった可能性はもちろんあります。どう解釈するべきでしょうか。人というものは本来、自分だけは助かりたいと思っています。しかし、自分が犠牲になるとわかってしまった後は、「この人だけでも」助けたいと思うのも、自然ではないでしょうか。船や飛行機の事故の際の美談として、自分が犠牲になりつつ他人を助けたという話があります。無意識的とは思いますが、理由をつけるとすれば、「その人に後のことを託す」という感覚があるのかもしれません。そう考えると、多くの人の役に立とうと努力してくれた繁さんに、自分たちが死んでしまった後の街のことや復興を託すために、何とか助かってもらいたいという人々の思いが「手」になって繁さんを押し上げたのかもしれません。そのような思いが、幻覚だったとしても、不思議な光景を繁さんに見せたのではないでしょうか。「これで助かったね」という声は、彼らの「安心した」という声だったと思います。この声の主たちは、本当はもっと他の人も助けたかったのではないか、いや、繁さん以外の人も助けたのではないか。そんな気がしてなりません。

4　温めてくれる光

漁業で有名な宮城県の港町で聞いた話です。ちょうど知り合いが漁業組合を民営化する取り組みをしていましたので、取材に行きました。漁業関係者が集まってくれた中で、誰とはなしに震災の話になったのです。いくつも不思議な話を聞きましたが、その中で最も印象的だったのが、陽子さんの話でした。震災から一年半たったころのことです。当時まだ二十歳代だった陽子さんは、「チョコレートを毎日食べている」ため、少し太ったと笑っていました。

ひどい目に遭った。今から考えると、それでも助かっただけ良かったと思わなければならないだろう。

陽子さんはその日、いつものように仕事をしていた。小さな会社の事務仕事であったから、普段と何も変わりない普通の一日だった。いつもの湯のみにお弁当の後、新しいお茶を淹れて口をつけた。二時半を少し回ったころ、卓上のデジタル時計をちらりと見た。

「三時になったら、少し手を休めておやつを食べよう」

昨日もらったチョコレートを食べながら新しいお茶でも淹れようか。そう思った時、大きな揺れが来た。

はじめはゴーッという音がして、事務所のガラスが急にガタガタし始めたと思ったら、大きな揺れが来た。目の前に積まれた書類が一気に崩れ落ち、陽子さんの湯のみも床に転がった。その場で床に座り込んだ陽子さんの頭の上にも、書類などが落ちてきたが、幸い大きな物はなく、けがはなかった。時計は二時五十分になろうとしていた。そうした細かい記憶は鮮明だが、窓の外の景色などはまったく覚えていないという。

「おやつだ」

あまりの衝撃に、まず陽子さんが思ったのは「おやつのチョコレート」であったという。引き出しから何の気なしに「今は食べることができないから」として何気なくポケットに入れ、やっと立ち上がると、書類の片づけを始めた。

しかし、少しすると課長が「津波が来るぞ」と、上の階に上がるよう指示した。事務所は四階建てビルの二階、屋上までとりあえず上がることにした。ところが、狭い階段に多くの人が殺到したので、なかなか上に上がれない。

そうしているうち、津波がやってきた。「助けて……」と下の方で悲鳴が上がったが、すぐに轟音に掻き消されてしまう。外の様子は見えなかったが、一階は完全に波に呑み込まれたのであろう。

でも陽子さんは、現実の出来事とは思えず、「湯のみも流されちゃうなあ」などと考えていたと振り返る。あまりに自分の想像を超えたことが起きると、人間は、自分が夢を見ていたかのように思えるようだ。焦って上に上がるというより、慌てて下から上がってくる人に押し上げられる形で屋上に出た。だが屋上にも津波が押し寄せ、安全な場所ではなかった。階段の下にいた人がどうなったか、普段なら心配になるのに、その時の陽子さんには他の人を心配する余裕がなかった。

海沿いの四階建ての水産工場は、建物すべてが完全に隠れてしまうほど津波をかぶった。陽子さんは、たまたま屋上に出るところの扉につかまることができたため、流されないですんだが、一緒に屋上に上がった人の多くが波にさらわれ、また柵などにつかまっていた人も、波の中のがれきにぶつかって骨が折れ、流されてゆく姿を目の当たりにしたという。

「タイタニックみたい」

不謹慎などではなく、茫然自失で、現実なのか夢の中なのか、区別がつかない状態の陽子さんは、そんなことを思いながら扉につかまっていたという。意識を失わなかったのは、その扉が波の水圧で空いたり閉まったりして、何度も指が挟まったため、激痛で意識を保てたと、今になって思う。その時に折れた指の骨折の跡は、今でも曲がったまま治らないという。

問題はそれからだった。雪の少ない太平洋側といえど、三月の東北の寒さは身にしみる。室内で暖房をつけていた服装で、外にいるのだ。津波をかぶって全身濡れねずみである。濡れた服と身体に、東北の冬の風が容赦なく吹き付けてきた。体温がどんどん奪われてゆく。しかし、まだ次の津波が来るかもしれず、吹きさらしの屋上から降りることもできない。

次第に体力が奪われていく。そのままどのくらいたったのか。腕時計も水をかぶって動かなくなっていた。日が陰ったので夕方ということはわかるが、正確な時間はわからない。建物は完全に骨組みだけになっていて、もう少し津波が続けば建物ごと倒れて流されていたかもしれない。階段は鉄製の部分だけが残っており、何とか降りることができたが、地表でも、風は容赦なく吹き付ける。壁はほとんど破られていた。すべてが水に濡れ、冷たい風にさらされて、冷蔵庫の中にいるような感じがした。

女性ばかり数名が生き残った。がれきをよけながら歩き、避難所に指定された小学校にたどりついた。しかし、誰もいなかった。着の身着のまま、高台にある高校を目指すことにした。すっかり夜になっていた。歩き出したものの、途中でついに、寒さのため動けなくなってしまった。

「あっ、チョコレート」

陽子さんは、先ほど何気なく入れたチョコレートをポケットから出して口に含み、みんなに分けた。

「ありがとう」

「なんだか、ほっとするね」

みんな少しほっこりした。

「マッチ売りの少女みたいだね」

こんな緊急事態でも、紫色の唇と青白い顔色を指して、冗談で盛り上がる。

「だったら、私たち天国に行けるかなあ」

「何言ってんの」

「でも、もう動けない」

「少し休んだら……」

そう言った陽子さん自身も、もう気力しか残っていなかった。

その時、ちょうど真上から光の玉が降りてきた。

「あれは、何？」

動けないと言っていた女性が真っ先に立ち上がった。なんだ、動けるんじゃない。陽子さんは光の玉については何とも思わずに、むしろそちらが気になったという。

その光の玉は、ゆっくり降りてくると、彼女たちを包み込んだ。マッチ売りの少女だったら、このまま天国に行けるんだ、陽子さんはそのまま死んでしまうつもりだったという。また、あんなに気持ちよく死ねるなら、死ぬのも悪くないと思ったともいう。冷え切った身体と心が、ちょうど温泉に入って身体を温められたような感じがした。

「大丈夫ですか」

いつの間にか、みんな寝ていた。身体をきつく揺り動かされて、心地よい眠りから目を覚ますと、自衛隊の人の真剣に呼びかける顔があったという。後から聞けば、低体温症で全員が死ぬところだったという。しかし陽子さんたちは、「光の玉の中で暖をとって、気持ちよくなって眠ってしまった」と振り返る。

避難所まで車で連れていってもらい、けがの治療を受けた。陽子さんは指の骨が三本、折れていた。

「冬山で遭難すると、よく、暖かい中にいるように錯覚すると言いますよね。私の話をするたびに、その現象が起きたのだろうと言われます。でも少し違うのは、光の玉が降りてきたこと、そこにいた女性みんなが見ていることなんです。光の玉に入った時から急に暖かくなった。後からそこにいた誰かが『チョコレートを分け合っていたから、マッチ売りの少女のようにあわれに思った神様が、暖かい光を届けてくれたんだ』と言って、みんな同意したんです。他の人が何と言おうと、私たち、その光を見た人は、皆そう思った。だから、神様にまだ生きるように、頑張れって、後押しされたんだと思うんです」

何気なくポケットに入れたチョコレートが、陽子さんたちを救ったという話です。現実離れした観察や感想の多い話ですが、あえて聞いたままを掲載しました。あまりに巨大な災害が発生した時、現実を受け入れられない私たちは、恐ろしい光景を直視するよりも、関係のない細かいことを考えたり、気にしたりするのです。

深刻な交通事故に遭われた方の話を聞くと、「人生が走馬灯のように流れて見えた」という人もいますが、私の友人などは、はね飛ばされて身体が完全に宙に浮いた意識の中で、「これで俺もスーパーマンになれる」と思ったといいます。あまりにも想定外、予想外のことが起きると、人間はシリアスに受け止めず、些細(ささい)な、他愛もないことを考えて、無意識のうちに現実逃避し、平常心を保とうとするのでしょうか。陽子さんの場合は「三時のおやつ」がそれにあたるのでしょう。津波で下の階から悲鳴が聞こえ、やがて聞こえなくなる。屋上に避難した人が目の前で流されていったことも、現実の出来事というより、なんとなく映画か何かを見ているように、彼女には映っていたのではないでしょうか。寒さに凍えつつ、ポケットの中に残っていたチョコレートを食べ、現実逃避モードの時に頭上から光が降りてきて、助かったというこの話の特徴は、「マッチ売りの少女みたいに」天国に行けると思い、死を受け入れていた女性たちが、皆、なぜか暖を取って生き残ったこと、そしてその女性たち全員に、光に包まれた記憶があることです。

この話は心霊現象というより、未確認物体との接近遭遇と似たところがあります。光が降りてきて温かさを感じたというのは、一九一七年、ポルトガルで有名になった「ファティマの予言」の体験談を語った三人の子供たちに近いのかもしれません。光に包まれた中で、聖母マリアの予言を聞いたという話です。陽子さんたちはもちろんカトリックとは無縁ですが、彼女自身「神様が暖かい光を届けてくれた」と言っているのは、偶然とはいえ、近いものを感じます。彼女自身が振り返るように「冬山の遭難」に近い、一種の集団催眠状態だったのでしょうか。いずれにせよ、彼女たちが「光に守られた」という認識を持っていて、その体験を信じる人が少なくないことだけは、事実なのです。

第二幕

「助けて」という願望

前段　海の中の出来事

1　荒ぶる神々と津波

「三・一一」といわれるあの日を象徴する津波の被害。東日本大震災の時にくりかえし流れた恐ろしい映像は、皆さんの記憶にもまだ鮮明に残っているでしょう。津波は、見えてから逃げ始めたのでは間に合いません。非常に速いスピードで押し寄せますから、地震が起きたらすぐ、高台に避難しなければならないのです。このうなったら津波が来るという言い伝えも、科学的根拠は別にして、東北地方にはあちこちに残っているのです。

では、昔の人は津波のことをどのように考えていたのでしょうか。もちろん、その固有名詞は昔からあったわけですから、海の異常事態として明確に認識されていました。しかし、その原因は「荒ぶる神」のしわざだと考えていたようです。

海というものは、普段は人に恵みを与えてくれるありがたい場所ですが、他方で、神々を怒らせてしまうと、すぐに死につながる場所でもあります。

古事記の記述では、伊邪那岐命が黄泉の国から帰ってきて、黄泉の国の穢れがついた自分の身体をみそぎします。その時に目と鼻から生まれたのが「天照大御神」「月読命（つくよみのみこと）」「素戔嗚尊（すさのおのみこと）」の「三貴神」といわれる神です。伊邪那岐命は、天照大御神に昼の世界を、月読命に夜の世界を、そして素戔嗚尊に海を支配するよう命じます。しかし、海しか支配できない素戔嗚尊は不満を言い、さまざまな悪さをします。その素戔嗚尊こそ「荒ぶる神」の第一号とされているのです。

海の世界は、私たち「昼の世界に生きる人間」にとって、恵みを与えてくれるけれども、一歩間違えれば死をもたらし、遠く離れた世界に連れていかれてしまうかもしれない場所です。たとえば同じ古事記に「海幸彦（うみさちひこ）・山幸彦（やまさちひこ）」の話があります。山幸彦は狩りをする道具、海幸彦は釣りの道具を持っていましたが、ある日、この兄弟は道具を取り替えて猟と漁を楽しみます。しかし、山幸彦は、海幸彦の釣り針を魚に取られてしまいました。山幸彦は謝りましたが、海幸彦は許してくれません。そこで山幸彦は海の中に探しにゆき、綿津見神(わだつみのかみ)の宮殿にたどり着きます。そして綿津見神に助けられ、釣り針を探してもらい、綿津見神の娘である豊玉姫(とよたまひめ)と結婚するのです。その豊玉姫の子孫が神武天皇になるのですから、私たち人間は、陸上(昼)の世界と海の世界の両方を知っていることになります。しかし、豊玉姫の出産の時、山幸彦は産屋を覗いてしまい、豊玉姫の本当の姿を見てしまったため、その姿を恥じた豊玉姫は海に帰ってしまいます。このことが海と日本人を分けてしまい、恵みだけを与えてくれるものではなくなってしまった、神話上の原因だとされています。

2　竜宮城と西方浄土

さて、海の中の宮殿といえば、綿津見神の宮殿よりも「竜宮城」が有名です。童話「浦島太郎」に出てくる竜宮城ですから知らない人はいないと思いますが、浦島太郎がいじめられていた亀を助けると、恩返しがしたいといわれ、竜宮城に連れて行かれる。そこには美しい乙姫がいて、楽しく過ごす。でも、いつまでもそうしていられないので、浦島太郎が陸に帰るというと、乙姫は玉手箱を手渡し、何があっても絶対に開けてはならないと言う。陸に戻ってみると、今まで自分がいた村も住んでいた家もなくなってしまい、誰も自分のことを知らない。老人に聞くと、浦島太郎の両親の墓に案内され、「浦島という人は、七百年も前に海に行ったきり戻らなかったといわれている」。悲しんだ浦島太郎は、玉手箱を開けてしまい、お爺さんになってしまうという物語です。

この浦島太郎の話は、日本書紀と丹後国風土記に書かれていますが、室町時代になってお伽草紙(とぎぞうし)に書かれたものが、童話として現在に伝えられているようです。それぞれ少しずつ話が違っており、日本書紀の話は、海幸彦・山幸彦の話と、ところどころリンクしています。おとぎ話という割には、亀を助けたのに、結局は親の死に目にも会えず、孤独な老人になってしまい、良いことはするものではないという結論になってしまうので、もともとは童話ではなく、海にあまり深くかかわると、時代を超越してしまうという教訓なのかもしれません。昔の人が海で行方不明になった人のことを思い、海の深いところには竜宮城のような良い場所があって、そこで楽しく暮らしているに違いないと考えたのかもしれないのです。

「竜宮城」に関連して、仏教では「西方浄土」の考え方があります。

西方浄土というのは、仏教伝来に起源を持つ考え方で、はるか西によき浄土があるという思想です。なぜ「西」に浄土があるのでしょうか。一説には、仏教が天竺（現在のインド）から伝わってきたため、解脱者が多くいる天竺は浄土に違いないと考えた、というものです。これはシルクロードや中国で培われた思想で、「西に行けばよいことがある」という考え方が生み出した物語が「西遊記」です。ただし、天竺に行く途中の国々は妖怪だらけで大変な経験をするという、中華思想も入っています。しかし、仏教伝来のころの日本には、西遊記の話は入ってきていません。中華思想抜きで、「西の方角に浄土がある」と考えていたことになり、それが古代神話に残されているのです。

昔の人は「光」の中に神がいると思っていました。天照大御神がなぜ日本人の総氏神かというと、太陽は人と大地に数多くの恵みを与えてくれる。神々しくて、太陽を直接見ると目がつぶれてしまう。まさに光の正体は神だと考えたわけです。だから、浄土を再現しようとした東北の藤原一族は、「中尊寺金色堂」のように、建物すべてを金で作り、光り輝くお堂にしたのです。

昔の人は、神様は太陽の中にいると考えていました。そして、その神の国への道が開かれる時が一日一回あると信じていたのです。それは西に夕日が沈む時。海に半分太陽がかかると、海の上に「光の道」ができます。太陽まで続く一本の道、その道こそが神の国に行く道であると、古代の人は考えました。朝日でもよかったのかもしれませんが、古代の貴族は、昼ぐらいに目覚めて一日二食で過ごしていたために、朝はまだ寝ていました。清少納言が「春はあけぼの」と書かなければならないくらい、朝に早起きしている人は少なかったということです。そこで、「光の道」ができるのは夕方という感覚になっていたのでしょう。

もちろん、神ならぬ人間には、光の道を歩くことはできません。そこで、「光の道」、つまり「水の上」を歩けるのは、死んだ人だけという言い伝えが生まれたわけです。海上には、神の世界に通じる光の道が通っていて、光の道はやがて沈む太陽とともに、海の中に没して消えてしまう。すると夜のとばりが下りて、百鬼夜行（ひゃっきやこう）の世界となる。光を放つ神の世界は海の中に入ってしまうので、その海中にある神の世界が「竜宮城」だという考え方につながりますし、また、神の世界を取り巻く海の深いところや水底は、死者の世界または魔物の世界とされ、生きた人が行ってはいけない、という感覚が生まれたのです。

古事記や民間伝承の記述から、古代の日本人は、海のことをこのように考えていたことがわかります。海が荒れるのは、神の仕業であり、「荒ぶる神」の元祖は素戔嗚尊で、海の中にはさまざまな妖怪や魔物も住んでいるとしたわけです。

3 津波に関する民話

津波に話を戻しましょう。

古来、津波は「海坊主」と形容されることがありました。「海坊主」というのは、地方によって何を意味するか微妙に違うのですが、海に住む魔物で、「杓子(しゃくし)を貸せ」と言って、船を沈めに来る船幽霊と同じとされることもあります。一般的なパターンとしては、それまで穏やかだった海面が突然盛り上がり、黒い坊主頭の巨人が現れ、船を破壊するとされます。大きさは数メートルから数十メートルと幅がありますが、かなり大きな妖怪です。

この海坊主が「津波」と結びつくのは、その出現が、嵐や天候不順、時化などとは関係なく、前触れもないまま突然現れるということと、黒い坊主頭で非常に大きいということから、「津波の化身」ではないかと考えられるからです。嵐や天候不順を伴うことなく、海上にいると突然、黒い大きな塊が襲ってくるというのは、今回の東日本大震災の津波の形態に似ていることにお気づきの方もいらっしゃるでしょう。東日本大震災の津波は、引き潮なく本当に突然襲ってきたのでした。昔の人なら、妖怪が意思を持って動いているかのように、荒れ狂う黒い波が陸地を襲い、一面を海に変えていってしまうのを見て、荒ぶる神か妖怪の仕業でなければできないことと考えたでしょう。

江戸時代の古典『奇異雑談集』では、海坊主は龍神が海に入り零落した姿だとして、女性が船で漕ぎ出すことを嫌い、なおかつ、海坊主が発生した場合は生贄を必要とすると書いてあります。もともと「神の世界」があるはずの海に、なぜ妖怪がいるのかについても、もともと龍の神様だったから、という理屈をつけているのです。

妖怪同士は、会話したり情報交換したりします。これに関連して、東北ではありませんが、沖縄県石垣島におもしろい民話が伝わっています。

鹿児島県奄美群島および沖縄県の伝承上の生き物で、人魚と思われる「ザン」がいます。ジュゴンなどが元になっているのかもしれません。海の妖怪や神は女性なので、ザンが陸地に上がってきたのを捕まえて、家に持ち帰ると、その家の主婦が死ぬか、家族の誰かが海で災難に遭うといわれています。そのため、もしもザンを捕まえたら、浜辺ですぐに料理しなければならないというのです。

ある日の夜遅く、ザンが三人の漁師につかまりました。ザンは美女の上半身と魚の下半身を持つ人魚ですから、若者は喜んで家に連れていこうとします。しかし、ザンは「私は陸では生きられません」と涙ながらに命乞いをしたので、漁師たちはザンを海へ帰してあげることにしました。ザンは御礼にと「間もなくこの村に津波がやって来ます。早く山へ逃げてください」と告げ、海へ戻って行ったのでした。

三人の漁師はその話を信じ、大慌てで近くの二つの村に触れてまわります。一つ目の村は、三人の漁師が夜中に来たこともあって信用せず、そのまま村にとどまり続けました。少し離れたところの村は、三人の言を信じて村を出て、山の上に避難したのです。翌日の朝、昼と何事もなく、三人の漁師たちは騙されたのではないかと疑い始めました。一つ目の村では、三人に騙されなくてよかったと喜んでいます。しかし、夕方になると、急に黒雲が立ち込め、水平線の彼方から巨大な壁のような大津波が押し寄せてきたのです。山へ逃げた村の人々は生き延びたものの、ザンのお告げを信じなかった村の人々は皆、この大津波に飲み込まれて死んでしまったというお話です。

科学的にみれば、海中に何らかの異変があったため、ジュゴンが浜辺に打ち上げられ、その様子を見ていた漁師が、津波とまではわからなくても、何らかの災害がやって来ると察知した、ということでしょう。しかし昔の人にとってみれば、海の中で情報が伝わり、「津波が来る」と、海の妖怪たちは皆知っているはずだと解釈するわけです。そして、「ザンを助ける」という良いことをした人にだけ、恩返しとして貴重な情報が渡された。あとはその「予知」を信じるか信じないか、その態度しだいで、その人と村の運命が変わってしまうことになります。

海中生物の異変から海の異常の兆候を読み取ることのできる漁師は、昔はたくさんいたように思われます。

4　津波に巻き込まれた人々の「願い」

科学的知識を持たず、海底地形の変動による異変ということを知らない、古来の日本人にとり、「津波」は、「荒ぶる神々の怒り」であって、「何らかの生贄をほしがって動きまわる怪異」であるとみなされました。かつては、自然現象としての「津波」に襲われているのか、それとも「妖怪」や「荒ぶる神」に襲われているのかわからなかったわけです。人知の及ばない極限状態で、何とか生き延びようとします。しかし、自分が助からないとわかってしまったら、どうするでしょうか。

あるいは、私たちが他人に「助けて」と願うのは、どんな場合でしょうか。すぐ思いつくのは、自分が苦しい時に助けを求める、というものです。しかしよく考えてみると、それ以上に人に助けを求めたい気持ちになるのは、自分の大事な人が窮地に立たされて、自分の力だけでは助けられない、とわかった時ではないでしょうか。

東日本大震災の津波では、そういう状況がたくさん発生しました。まだ幼い子供、持病を抱え介護が必要な老親、愛する恋人や家族、そして自分も津波に巻き込まれようとする刹那(せつな)、自分はいいから、せめて大事な人の命だけでも助けてもらいたい、と願うのが人情ではないでしょうか。その助けたいという一念が、ほかの人に通じた時、その念を感じる人の前に霊魂が姿を現し、自分の望みを伝えることがあったのかもしれません。「助けてほしい」という願いが作り出す怪異譚です。

そうした「願い」に耳をふさぐことはできないと思います。なぜなら、そうした怪異を体験した人たちも同じ東日本大震災の被災者であり、地震と津波の恐怖を共に味わった人々だからです。同じ境遇で「非日常の極限状況」を体験している方々に、犠牲になった人々の「切なる願い」は伝わりやすいのではないでしょうか。

第一段「私に気づいて」という訴え

1　自分はここにいます

人間は社会的動物ですから、「自分に気づいてほしい、無視しないでほしい」と願っています。普段、あまり目立ちたくないと思っている人でも、完全に無視されるのは、精神的につらいものです。あまり良い言葉ではありませんが「いじめ」のなかに「しかと」という行為があります。語源を調べてみると、花札の十月の札が紅葉（楓）なのですが、その鹿の絵柄が完全に横を向いていて、こちらを無視しているように見えることからきているといわれます。元々は警察用語の隠語だったようで、一九五六年に出された『警察隠語類集』の中には、「しかとう　とぼける。花札のモミヂの鹿は十であり、その鹿が横を向いているところから」と書いてあります。その「しかとう」が、「シカト」となり、一般でも使われるようになったということです。完全に無視されると「いじめ」になるくらい、無視されるのは悲しいことです。それは、人が死んだあとでも同じでしょう。

怪談の中にも、無視され、気づいてほしいと死者が願う話は少なくありません。代表的な例を挙げると、両親が亡くなった後、何年もお墓参りに行っていない人がいます。ある日、死んだはずの親が、その人の枕元に立ちました。両親は非常に怒った表情をしています。知り合いのつてを頼って霊能者に見てもらったところ「あなたはお墓参りに行っていませんね。すぐに行ってください。ご両親が怒っています」といわれてしまいます。お墓参りに行くと、数日後、両親が今度は笑顔で枕元に立ったという話です。

他にも、山や川でどこか陰気そうな先行者を見かけ、なんとなく不思議だなと思いつつ、後をついてゆくと、突然その人が消えてしまう。その後、その人がいなくなった付近を探すと、行方不明者の遺体が発見される。何年も前に亡くなっていたのに、ついこの間、歩いていたのを見たのは信じられない、という怪談があります。

この手の話では、霊が「自分を供養してくれること」「発見してくれること」を望んでいるので、生きる者にとり憑いたり、死の淵に落としたりすることはありません。ですから「恐怖」よりも「不思議」だと感じるのではないでしょうか。

ものの本に「幽霊とは、この世に強い念や思い残したことがあるため、それに縛られてしまって成仏することができず、この世をさまよっている霊魂の状態」といわれることがあります。たとえば、自分がいつまでも行方不明で、葬式も挙げてもらえず、家族や親族などが心配しているといった状態が続けば、「自分が発見されないこと」を憂う思いは強くなるはずです。その一念が、幽霊の姿となって目撃されたとして、これを幻覚だと一笑に付してしまってよいのでしょうか。

東日本大震災の後も、同様のことが起こりました。いまだ行方不明のままになっている方々、なかなか葬儀を出してもらえない犠牲者の方々、それぞれ事情は違うのでしょう。しかし同じ死生観を持つ日本人として「自分はここにいます」という思いを誰かにわかってもらいたい。その一念は、津波で犠牲になっても、いや、津波で犠牲になって自分が動けないからこそ、なおさら強い思いとなって、さまざまに現れてくるのかもしれません。
以下に、東北で取材した、そういう話をご紹介します。
まずは宮城県で聞いた話です。

あの日は学校にいました。卒業式も終わり、私たち在校生は、午前中にあった学校行事の片付けで、たまたま学校に残っていました。お弁当を遠足の時のように床に広げて食べて、何となく帰るのが惜しい気がして、そのまま仲の良い女子みんなで、教室に残って話していました。

いきなりゴーッという音がして、ガラス窓が大きな音を立てました。椅子も机も左右に揺れていました。床に座っていた私たちは何ともなかったのですが、たまたま歩いていた友人は、立っていられずにその場に倒れ込んでしまったと記憶しています。何があったのかわからず、私たちは慌てて外に出ました。後からあんな津波が来るとは夢にも思わず、私は友達と「怖かったね」と言いながら、早く家に帰らなければと思って、学校帰りの道を歩いていました。

先生や大人の人が一緒にいたなら、津波が来るかもしれないから、すぐに高い場所に走ってと言われていたと思います。急いで学校を出てしまったので、まさか津波が来るなんて思ってもいませんでした。いきなりあんな大きな地震を経験し、落ち着いていられるはずもありません。建物の中にいた方が危険なのではないかと思い、すぐに外に出たのです。また、海のほうから危険を知らせる警報も聞こえませんでした。

「あれ、何？」

仲良しの子と別れて、同じ方向の奈津美と一緒に呆然と歩いていた時、何だか後ろのほうが騒がしい感じがしていました。何気なく振り返ると、いつも見える堤防の上を、大きく黒い生き物が乗り越えようとしています。最初は波だとは思えませんでした。でも、次の瞬間におばあちゃんの言葉を思いだしたのです。地震の後は津波が来る。大きな波が街を呑み込む。早く逃げないと。あれが津波かと思ったのです。

「津波、一緒に逃げよう。」

咄嗟のことでした。私は奈津美の手を引いて、学校の帰り道の見慣れた住宅地の中を走り抜けました。もともと、そんなに身体が強くない奈津美は、すぐに息が切れてしまっています。そうしている間にも水が迫ってくるのです。

「あっ」

水が迫ってきて、くるぶしまで浸かるくらいになり、逃れようとした私たちは住宅地の真ん中の公園のジャングルジムの上に登りました。今考えれば、ジャングルジムの上なんかでよけられるはずがありません。しかし、その時には小高い場所がそこしかなかったのです。少しでも高い場所に行かなければ……しかし、水はどんどん上がってきます。

「怖いよ」

いつも気弱な奈津美は、すっかり水に濡れてしまい、震えています。

「大丈夫、一緒に助かろう」

しかし、無情にもジャングルジムの上まで水が来てしまいました。私たちは必死にジャングルジムにつかまっていましたが、水の勢いがすごく、流されてしまいました。

「あーっ」

「たすけて……」

私たちは一緒に流されてしまいました。二人で助かろう、と思って最初は奈津美の手を握っていましたが、流され始めるとすぐに、水の中に混ざっている様々なものが私たちにあたり、手を離してしまいました。私はやがて、浮いている大きな木に運よくつかまることができましたが、生きた心地がせず、助かるとは思えません。余裕がなく、自分のことしか考えられなかったというのが正直な気持ちです。

「おーい、こっちだ」

そのままどれくらいでしょう。私は木につかまって流されていました。このままいつまでつかまっていられるだろう。どこまで流されるのか。いろいろな考えが浮かびましたが、何もすることができません。ふと「海の水ってこんなに黒いんだ」と思ったことが記憶に残っています。そんな時、近くの屋上に、何人かの男の人が立っているのが見えました。

その中の一人、ネクタイを締めていた人が、私のつかまっている木がその時引っかかっていたゆっくりと動いている屋根、たぶん濁流の中で流されていた家だと思いますが、そこに飛び移って、私の近くまで来て、水の中から引き上げてくれたのです。

「大丈夫か」

「はい」

「よかった。それで一人か」

「はい、でも友達が一緒に流されて…」

おじさんは、私を抱きかかえて屋根の上を歩き、コンクリート製のビルの屋上に上げてもらうことができました。そこには消防団や役場の人が数人いました。知らないおじさんに抱っこされて、そのうえ、身体はびしょぬれ、助かったと思った瞬間になんだか恥ずかしくなり、一生懸命スカートの裾を押さえていたような気がします。

振り返ると、一面の濁った水が、海のほうに引いてゆくところでした。自分が助かると、気になるのは奈津美です。一緒に助かろう、そう言ったのに手を離してしまった。この水の中に奈津美がいる。そう思った私は、何の気なしに水際のほうにフラフラと行きました。その時でした。

「バシャッ」

水が盛り上がったかと思うと、中から手が出てきて私の足首をつかんだ気がしました。

ほかの誰にも何も聞こえていないのに、私には一瞬、「一緒に行こうって言ったじゃない」と天から降ってきた声に包まれたように思えたのです。

「キャーッ」

私はその場に座り込んでしまいました。さっき助けてくれたおじさんが、急いで屋上の端まで駆けてきて、私を連れ戻しました。

「わからないけど、みんないろいろあるから」

そう言って助け出された人たちの輪の中に入れてくれたのです。そこには十人くらい、命からがら助かったのか全員、肩を寄せ合ってふるえています。

その中にいた年配の女性が、

「あんた、二人で避難するのは大変じゃったろ。もう離れても大丈夫じゃ」

そう言うと、立ち上がって私の肩を払ってくれました。私はただ震えているしかありませんでした。

「一緒」という言葉は、私たちは日常で気軽に使ってしまい、気にかけることもないかもしれません。しかし、大きな災害に直面して、自分の力ではどうすることもできない時、「一緒」という言葉にすがる気持ちは理解できます。

日本には「言霊（ことだま）」という考え方があるのです。自分の発する言葉には魂が宿っていて、神々がその言葉の「霊」に従ってさまざまに動き出すと考える。「一緒」という「言霊」にすがった思いがこの世に残っていたのかもしれません。奈津美さんは、連れてゆこうとしたのではなく、一緒に助かりたい思いで、すがったのではないでしょうか。自分だけが旅立たなければならない「さみしさ」を、生きている人の「言霊」にすがって、少し前の日常に戻し、何とか助かりたいと思ったのではないでしょうか。

最後に出てくるおばあさんには「言霊にすがる奈津美さん」が見えていたのかもしれません。「もう大丈夫」という言葉は、「私」にかけられた言葉か、あるいは「奈津美さん」にかけられた言葉なのか。自分の存在に気づいてくれた人がいたことで、奈津美さんは旅立てたのかもしれません。

この体験をした女性は、その後、霊感を多少感じることはあっても、あちらへ引きずり込まれる感覚はないそうです。震災後、お盆や法要では、奈津美さんの分も手を合わせているそうですし、友人と集まるときには、奈津美さんの思い出話をするようにしていると語っていました。

2 バスの中から

宮城県南部の、以前マイカルが運営していた映画館があった関係で、やはり私の個人的な知り合いが多い町で起こった出来事です。仙台に住んでいて、この町にボランティアに出かけた方から伺いました。チャリティサッカーの試合を開催した縁で、スタジアムの近くに住むこの方と知り合いになり、仙台に行くたび、お会いして話をするようになりました。何度目かの邂逅(かいこう)の折、二〇一四年の夏の夜遅く、「不思議な話があるんだけど」と、震災から三年以上たっても忘れられないと前置きして、他のお客さんたちはみな帰ってしまった居酒屋で伺った話です。

私の直接の経験だけでなく伝聞も含まれていますが、実際のところ、私たちのボランティア活動の内容が変更されたのは事実なので、本当にあったことと信じています。

まだ二〇一一年四月の半ば、震災の傷跡がたくさん残されていた時の話です。私は仙台市に住んでいましたが、山に近い北西部でしたので、かなり揺れはしたものの、津波の被害はありませんでした。仙台でも、空港のほうはかなり津波の被害がありましたが、私の住む近くでは普通の生活を続けることができました。地震の直後は、スーパーの食料品や水が不足したり、ガソリンがなくなったりしましたが、電気や水道などは来ていましたし、沿岸部の津波の被害に比べれば何でもありませんでした。

しかし、仕事はそうはいきません。計画停電が始まり、道路なども寸断されていて、部品も来ない。そもそも政府の方針というか、社会の状況というか、被災地支援以外には何もしてはいけないというような雰囲気があり、東京などでも花見が自粛になったり、テレビコマーシャルが流れなくなったりした時期です。私どもの工場の部品についても、トラックがあるなら支援物資以外は輸送してはいけないような雰囲気でした。操業中止となり、会社の斡旋で、半ば強制的に、被災地へボランティアに行ったのです。

朝、会社に集合し、バスで毎日被災地まで送られ、がれきの整理や遺品の分類などを行っていました。

しかし、ある日のこと。地域の消防団の人から、突然、こんな指示が来ました。

「ちょっと悪いんですが、廃車場や車がたまっているところに行って、その車の中などにご遺体がないか、確認していただけますか」

「そういうのは自衛隊や消防団の人がやるんじゃないんですか？」

「もちろん我々もやりますが、しかし、皆さんにも手伝っていただきたいんです」

「人手が必要だということですか」

「はい。もしご遺体を見つけた場合は、近くの消防団員に知らせていただきたいのです」

私たちは五人ずつの組に分けられ、消防団員や市役所の人などが一グループに一人ずつ付いて、廃車の内部の点検をしました。

私のところに付いたのは、五十歳代後半の消防団員の人でした。

「何があったんですか」

「あまり言いたくないかもしれないけれども、急に仕事が変わったら納得いかないよなあ」

「いや、そういうわけではないんですが……」

「まあ、あんまりいろいろなところで話をしないでもらいたいんだが……」

初老の消防団員はそう言って、不思議な話を始めました。

まず、先週、夜間に車で移動していた二人の消防団員が、ありえない場所で事故を起こしたということです。その事故も、他車とではなく自損事故で、カーブのない直線道路で、突然、道の横の溝に落ちたというのです。街灯などはすべて流されてしまっているので、夜間の走行には危険がたくさんあります。運転をちょっと誤ることもあるでしょう。しかし、様子が少し変だったのは、事故現場にまったくブレーキ痕がなかったということでした。そして、後ろの車の目撃談によると、何もないところで急にその車がハンドルを切って曲がり、落ちていったといいます。事故車に乗っていた消防団員は軽いけがで、幸い命に別状はありませんでした。話を聞いてみると、運転していたら、子供の「助けて」という叫び声が、突然、車の中で響いたそうです。ドライバーはその声に驚き、弾かれるように急ハンドルを切ってしまったそうです。

その場所は、その前にも不思議な現象が起きていたため、地元の人が神主さんを呼んでお祓(はら)いをしました。震災以後、幽霊など信じない人の多くも不思議な体験をしていましたから、お祓いは抵抗なく受け入れられたといいます。その場所に霊でもいるなら、供養して、現在生きている人の安全を祈願しなければならないと考えたのです。

しかし、やって来た神主さんは意外なことを言いました。神主さんは、その場所に隣接した、ちょうど消防団員がハンドルを切って落ちたほうとは反対側を指さしました。そこは津波で傷ついて使えなくなった車の廃車場だったのです。

「この廃車場の中にバスがあると思うのですが、そのバスの中に、助けてと言っている声の主がいらっしゃいます。そのご遺体を探し出して供養しなければ、どんなにお祓いをしても何の役にも立ちません。ぜひ探してください」

そこで地元の方やボランティアなど、手の空いている人が出て、廃車場を探すことになったわけです。するとその中に、津波で流され、ほとんど原形をとどめていないバスが確かにありました。バスの中をくまなく探してみると、つぶれたバスの座席と座席の間、普通に外から見ただけではわからないような場所に、子供さんのご遺体が見つかったそうです。この子は、津波が怖くなって、座席の下に隠れたのではないでしょうか。そのまま亡くなってしまったのかもしれません。バスの中のほかのご遺体は見つけてくれたのに、自分だけは取り残されて、淋しかったのではないでしょうか。そこで、道を通る人に「助けて」と声をかけていたのではないかと、消防団の人は悲しそうに語っていました。

その事件があって、改めて、車の中や家の残骸などを再度よく確認し、行方不明者を探すことになり、われわれにも声がかかったわけです。その結果、完全な姿のご遺体だけでなく、手だけ、足だけなど、一部と思われるものも含めて、かなりの数のご遺体が見つかりました。

その場所は、その後も廃車場として使われています。しかし、バスの座席の間のご遺体を発見し、供養してからは「助けて」という声は聞こえなくなったそうです。私は、工場が操業を再開して会社に復帰するまで、数か月間ボランティアを続けましたが、その後は二度と、そうした不思議な体験をすることはありませんでした。

ボランティアをしていた方から伺った話です。震災からしばらくの間、工場の生産設備が被害を受けたり、ガソリンなどの燃料もなく、計画停電で電気も止まり、また原材料の輸送も手配することができませんでした。工場自体は稼働可能でも、たとえば嗜好品を製造するような会社では、操業自体が、震災からしばらくの間は「自粛」となる雰囲気でした。そのために、集団ボランティアが行われていたようです。

しかし、海岸沿いの町では、あまりの被害で連絡手段も人手も足りないところに、ボランティアが殺到したため、どうしていいかわからない状態になったといわれます。毎日行き先や仕事が違うのは当たり前、あるいは、前日までの作業内容の引き継ぎも、誰の指示で動いていいかもわからないまま、ボランティアが入り込んだことがあったようです。

この話は、車の残骸が廃車場に運ばれ、がれきの集積がある程度進んでからの話です。半壊の家などの解体はまだでしたが、通行の邪魔になる車やがれきは道路から取り除かれ、廃車場に積まれたバスの中に、まだご遺体が残っていたというものです。

津波の犠牲になったこのお子さんの霊は、何とかして自分を見つけてほしかったのでしょう。はじめのうちは、姿を見せたり、泣き声を発したりしながら、道路を走っている車の中の人に訴えていたのでしょうか。残念なことに、がれきがまだ散乱する被災地の、廃車置場ですから、住民が長時間滞在することもなく、夜間になれば通りかかる人も減ってしまいます。何か聞こえても、気のせいだと思って通り過ぎてしまうし、もし子供の姿を見かけても「このようなところにいるはずがない」と思い込んで無視されてしまうことがあったのではないでしょうか。

通行人からすれば、誰もいないはずのところに人影が見えたり、声がしたとしても、「気のせい」だと片づけがちです。ただでさえ幽霊を見たという噂が流れていたし、毎日ゆっくり休むこともできず、がれきの撤去やご遺体の捜索などで、疲れていますから、幻覚や幻聴だと思い込み、子供の霊の声に耳を傾け、探してあげる余裕のない人のほうが多かったのではないかと想像します。

そうして、いつまでも車中に一人で閉じ込められていた子供の霊は、何とか自分を発見してもらいたくて、「人をそこに足止めする」よう試みたのではないでしょうか。

それで起きたのが、消防団の方が運転する車の自損事故だったのかもしれません。そこまでしても、なかなか自分の存在に気づいてもらえなかった。その声を神主さんが聞き取ってくれて、やっと発見してもらえたというわけです。

埋葬されないご遺体や、行方不明者の近くでは幽霊が出るとされます。しかしたとえば、戦場で多くの死者が野ざらしになっていても、幽霊が出るとは限りません。先の大戦でも、激戦地での幽霊の目撃談はあとからたくさん出てきましたが、戦闘のさなかに怪談として語られることが少なかったのは、それだけ人の心に余裕がなかったからです。霊を慰め、供養するには、生きている側の人々が平常心に戻り、心に余裕がないといけない。こうした教訓がよく理解できる話ではないでしょうか。

実際、この話を聞かせてくれたのは、被災した現地の人ではなく、仙台に住むボランティアの人でした。霊の声を聞きとることができたのは神主さんだったのも同じことです。

霊を慰め、供養するには、死者の声に耳を傾けるべき立場の私たちが、心を落ち着けて、亡くなった人たちと真剣に向き合わなければいけないことを、この話は教えてくれたように思います。

3 養殖いかだの腕時計

三・一一の震災と津波は、街の建物や、人を破壊しつくしました。しかし、失ったものは陸地の上だけではありません。津波の被害が大きかったということは、海の被害も甚大だったのです。

三陸は牡蠣やホヤの養殖で知られ、イカやサンマ、わかめや貝類など、さまざまな東北の海産物が名産品として、日本人の食卓に並んでいました。震災と津波は、陸上だけでなく、三陸の漁場や水の流れも変えてしまったのです。

三・一一の後、海でも多くの方々が津波の被害に遭った人々の捜索をしていました。海の中には、建物のがれきが大量に流れ込み、沖に並ぶ養殖いかだは遠くに流され、沖での作業や沿岸漁業に出る船も多くが流されたのです。遠洋の漁場に行く船は、地震後、すぐに沖に出したため、被害を免れたものが数多くありましたが、肝心の陸揚げの施設が完全に破壊されてしまったため、仕方ありません。

「これじゃあ当分漁はできないなあ」

「底も荒れてるだろう」

「家とか、車も流れ込んでますからねえ」

底とは、もちろん海の下です。「復興」といえば、住宅や道路など「陸の上」が基本的に想定されます。しかし、三陸のように漁業や海産物加工で生計をたてる人々にとって、海が元に戻らないと産業が成り立ちません。つまり、家や道路ができても生活できないことを意味しています。海の中も復旧してくれないと街も経済も復興できないのです。海の復旧は、やはり陸の上よりも時間がかかりますし、自然に任せなければならない面も多くあり、待つことも重要なのです。

漁業者の仲間は、海が元に戻るのを根気よく待ちました。その間、船を復活させ、網を結い、延縄(はえなわ)など漁具を整え、そして海を掃除しました。

「やっとこれができたよ」

木材を組んで牡蠣や帆立の「養殖いかだ」を作り、牡蠣の種は広島から譲ってもらい、養殖いかだをセットしたのは、震災から三年目のことでした。

牡蠣の養殖は、いかだの下にロープを垂らし、そのロープに「牡蠣種」と竹筒をつけて海に垂らします。牡蠣が正常に育つためには、大量の海水が必要です。新鮮できれいな水の、流れがよいところに養殖いかだを置かないと、生育が悪くなってしまいます。しかし、津波で流され、海の底に沈むがれきのために、流れが多少変わってしまっていて、事前に見当をつけておいたポイントの潮通しが思ったよりもよくありません。ほんの少しのことですが、漁業をする人にとっては大きく変わるのです。

「もっと沖のほうだ」

いかだを小型の船で引いていると、そんな声が聞こえます。

「今の声聞こえたか」

通常、いかだの設置は二隻以上の船で引いていきます。トラブルが起きたときなど、抜け出せなくなる可能性があるからです。仲間の船から、無線で問い合わせがあります。

「もっと沖のほうと言ったか」

「誰が言った」

「こっちじゃないよ」

海の上にいると、さまざまな声を聴いたような気がするのです。それは、昔からよくあることで、ちょっとした音や刺激が、声に聞こえることがあるのです。海に出ていると何時間も一人で作業するので、無意識のうちに人との会話を望んで幻聴が聞こえるそうです。ですから漁師さんたちは、いつもの幻聴だと思っていました。しかし、二人が同じ声を同時に聞くのは、あまりないことです。

「無線の混線か」

「違う、ごちゃごちゃ言わず沖に来い」

そう言っているときに、また声が聞こえたのです。

「なんだ、こっちの会話を聞いているのか」

仲間は、苦笑交じりに無線で言っています。私は、何となくその声に聞き覚えがあったので、胸騒ぎがしていました。

「その辺だ」

確かに、いかだを設置するにはよさそうな場所でした。震災によって流れが変わった湾の中で、ちょうど潮の流れと川からの水の流れがうまく合わさり、最適な場所ではないかと思われます。

「なんだかわからないが、ここがよさそうだから、ここにしようか」

仲間が無線で言ってきます。

「ああ、じゃあ、碇(いかり)を下ろそう」

碇を下ろした時、ゴツンと何か嫌な音がしました。震災後はさまざまなものが海の中に入ってしまったので、何にあたったのかわかりません。

「碇が何かにあたったか」

「ああ、まあ、大丈夫だろう。」

いかだの設置では、流されないように固定するのが大変です。船で設置場所まで引き、固定しますが、錘を多くしすぎたり、固定しすぎてしまうと、流れになじまず、育ちが悪くなります。

牡蠣は、水をたくさん吸い込みます。一日に二〇〇リットルもの水を飲むのです。津波の影響で海の中にたくさんのがれきが流れ込んでしまいました。地上で使っていた化学薬品なども海に入ってしまい、車や燃料タンクが流されたので、油なども混ざっています。一年目の牡蠣は、これらの毒をすべて吸って、海をきれいにしてくれます。しかしそのため、牡蠣そのものは出荷することはできません。

翌年、漁協の若い者で、新しいロープに牡蠣種をつけたものを持ち、また、いかだに来ました。

「去年のこと覚えているか」

「ああ、なんだかみんなで声を聴いたよな」

「そうなんだ。実はあの後も、漁に出るといろいろ聞こえるんだよ」

「お前もか、俺も良い漁場なんか、教えてくれるんだ」

我々はその会話をしながら、ある人を思い出していました。

「三浦のおっさんじゃねえの」

一人がついに口火を切りました。皆、まさかと思いながらも、やはりそうかと、顔を見合わせたのです。

「三浦のおっさん」とは、我々の仲間内で、いつも一人で猟に出て、特別なポイントをいくつも知っているのか、いつでも大漁のお爺さんがいたのです。「津波が来るときは、波が引いて大漁になるんだ」と言って、三浦のおっさんはあの日、船を出したのです。そのまま、おっさんは戻りませんでした。

そういえば、耳に残るあの声は、何となく三浦のおっさんの声に似ているような気もします。

「まさか、おっさん生きてるのか」

「そんなはずは……」

私たちは、そんなことを言いながら作業を続けました。

仲間の一人が横に来てくれて、もうすでにいくつか上がっている牡蠣のロープと同じように、二人でロープを引き上げました。

「こ、これは」

牡蠣のロープに別なロープが絡まっています。どうも、魚を取る網のようです。そして、その先に、腕時計がついていました。

「この時計」

「三浦のおっさんのじゃないですか」

二人で顔を見合わせていると、周りの仲間も集まってきました。

「三浦のおっさん、海の中で見つけてほしかったんだなあ」

みんな肩を落としました。

「何ぼけっとしてんだ。ちゃんと仕事しろ」

そこにいた皆が、その声を聞きました。海の中から声が上がってくるというよりは、その場全体にその声が響いた感じです。海の真ん中のいかだの上で、再度、顔を見合わせました。

何かさみしそうなおっさんの声でした。その時には、いかだの上の一同が涙を流していました。

「三浦さん、本当に海が好きだったんだな」

港に帰る船で、皆でそんなことを言い合っていました。

その時、いかだで作業をしていた十二人は、その後何度も、三浦のおっさんの声に従って漁をしたそうです。あのおっさん、こんなにさまざまな穴場を知っていたのかと、感心することばかりでした。

「おい、海にはまだまだいいところがあるぞ」

今でもそんな声が聞こえるような気がします。

4　仮設住宅の声

岩手県でも、内陸部は津波の被害を受けませんでした。津波の悲惨さは経験していない内陸の町にも、海辺に住宅を建てることができないため、仮設住宅が作られ、被災地の人が多く移り住むようになりました。そうした地域の仮設住宅の一つで聞いた話です。ここには、よくテレビで紹介される丘と木の美しい風景があり、岩手県の中でも畜産業が盛んな場所で、「動物も多いのですが、それでも被災者の孤独を癒せなかったのかもしれません」と、町役場の人が、少し悔しそうに話してくださったのをよく覚えています。

岩手県の仮設住宅の話です。ここでの最大の問題は、もといた地域からかなり遠いため、それまでの人間関係から切り離されて、新しい人間関係を築くのに時間がかかることです。世帯単位で家が引っ越してくるのであって、町や地域がそのまま移転するわけではありません。私のように役場に勤めている人間は、そのことで必ず苦情を言われるのですが、これればかりは仕方がないのです。

本来なら、地区の人をまるごと移転させたいのですが、親戚を頼って個別に移り住んだり、戻るつもりがなく他県に転出してしまった方も多く、仮設住宅そのものの数が足りないこともあって、避難所から一刻も出たい事情を訴える方など、考慮すべきことがいろいろあり、なかなかうまくゆかないのが現状です。

仮設住宅に入れても、次に大きな問題となるのが「高齢者の孤立、孤独化」です。夫婦で暮らす場合はまだ大丈夫ですが、田舎ですから、老人の一人暮らし世帯が少なくありません。一人暮らしで環境が変わってしまうと、なかなか外出しなくなってしまいます。そのため、どんどん孤立してしまい、社会との接点がなくなってしまうのです。高齢者が遠く離れた土地に引っ越しを強いられて、新たな人間関係を作るのが非常に難しいのはよくわかりますが、社会から隔絶されてしまうと、さまざまな問題が生じます。私たち役場の人間にとって最大の課題は「孤独死」ですが、そこまで行かなくても、うつ病になってしまったり、仮設住宅のコミュニティに溶け込めず、困ってしまうことは多いのです。

そこで地域の催しを開催したり、あるいは家庭訪問を頻繁に行ったりしますが、それでもどうしても目が行き届かないことが出てきます。

ニュースなどでも紹介されますので、ご存じと思いますが、残念ながら「孤独死」してしまうお年寄りが、ここでも何人か出てしまいました。実際のところ、家族が震災の犠牲になられて、独居になってしまったお年寄りの多くは、家庭訪問なども受けつけてくれないことがあり、地域活動にも参加してくれません。自分から社会への扉を閉めてしまうことがあるのです。私が担当したお婆さんの中に、そうした方がいらっしゃいました。実は、そうした難しいケースがあると、ヘルパーさんや地域の人に任せるのではなく、私たち町役場の人間が必ず担当につくようにしています。何かあった時にすぐ、行政で対応できるようにするためです。トラブルも起きるので、原則として複数名でお訪ねすることになっています。ただ、なかなか時間が合わなかったり、あるいは家族を亡くされたショックがあるのか、捨て鉢になり、ある日伺うと返事がなく、亡くなられていたことがありました。

私の責任を痛感しましたが、残念ながら孤独死に近いことは多くの同僚も経験しています。

そのお婆さんを荼毘に付して、役場の主導で簡単な葬儀をしました。仮設住宅と、以前の地区の町会長さんなども来ていただいて、ささやかではありますが、きちんと供養して埋葬しました。

しかし、問題はその後です。遺品の整理が終わり、部屋の掃除と換気をして、この時は遺族が誰もいらっしゃらなかったので、規定に従って六か月間広告を出して、お預かりした遺品に誰も引取り手がいらっしゃらなければ、役場で処分することになります。ただ、震災後の混乱を考慮して、六か月ではなく、なるべく長くお預かりすることにしていまして、町役場の倉庫に遺品を保管していました。

異変は、その倉庫から始まりました。誰もいないはずの倉庫で音がするというのです。不審な音というより、ちょうど茶碗と箸で何かを食べているような音です。食器があたる音といえばいいでしょうか。誰かが倉庫の中で何かを食べているようでした。最初は、それほど気にはなりませんでした。役場でも皆、かなり疲れていて神経が昂ぶっていたので、あまり騒ぐのもはばかられるような雰囲気がありました。

次に、倉庫から話し声が聞こえるようになりました。とはいっても、はっきりした声ではなく、人の気配がするような感じです。倉庫に保管されていたのは、私が担当していたお婆さんの遺品だけではありません。身元不明の被災者の方の荷物などもたくさんあります。ですから、そのような話し声も、今回が初めてというわけではありませんでした。そこで、倉庫に一度、神主さんを呼んでお祓いをしました。ちょうど七月くらいだったと思います。その後、倉庫からは話し声は聞こえなくなりました。

ところが、今度は仮設住宅から苦情が寄せられるようになったのです。誰も住んでいない部屋から、「この暑い八月に、『寒い、寒い……』という声が聞こえる」というのでした。それ以外にも、うめき声や、泣いている声など、さまざまな声が聞こえてくるそうです。東北といえども、八月ですから、窓を開けて寝る人は多くても、寒いという人は少ないのではないでしょうか。思いあたることもあって、私は仮設住宅に向かいました。いつもあのお婆さんのところに行っていたヘルパーさんにお願いして、一緒に行ってもらいました。果たして、そのお婆さんの住んでいた部屋から、夜になると、うめき声のような声が聞こえるというのです。

「あのお婆さんの声ですね」

ヘルパーさんは確信を持って言います。

「行ってみましょうか」

「えっ」

ちょうど夕方になっていました。ヘルパーさんがそういうので、私は逡巡(しゅんじゅん)

していましたが、そのまま手を引かれるようにして連れて行かれました。お婆さんの部屋の前に行くと、確かに声が聞こえる気がします。ヘルパーさんは、ガラガラと窓を開けると、

「おばあちゃん、どうしたの」

と、お婆さんが生きている時のように声をかけたのです。私にははっきりと、今は何もなくなったお婆さんの部屋の中に、布団を一枚敷いた上にお婆さんが座っているのが見えました。

「ひざ掛けがないんだよ」

「お婆さんのお孫さんが作ってくれたひざ掛けのこと」

「そうだよ、あれがないと寒いのよ」

私は完全に腰を抜かして声が出ません。でも、ヘルパーさんはそのまま会話を続けていました。

「わかった、明日持ってきてあげるからね。おばあちゃん、ここに持ってきたらいい？」

「他の荷物と一緒にしてくれないかなあ」

「いいよ、探したらすぐに持っていくからね。待っててね」

「ありがとう。話を聞いてくれるのはあんたたちだけだよ」

そういうと、お婆さんはそのまま徐々に薄くなって消えてゆきました。

「どうしてあんなことができたのですか」

「仕方ないじゃない、相手は死んじゃってても、私の担当だったんだから。今まであれだけしてきたんだもの、仲良かったんだもの、何か言いたいことがあるから出てきているだけで、私たちに何か悪いことをしようとすることもないから」

「でも、お婆さんはもう死んでいるんですよ」

「生きているのよ。津波で死んだ人も、ここで死んだ人も、みんな、みんな、心の中だけでなくて、町のことが心配でここにいるんだよ。あんたみたいな若い役場の人が、早く街を元に戻してくれないと、お婆さんも他の人も心配であの世に行けないから、がんばんなさいよ」

ヘルパーさんは、確かに少々豪快な人でしたが、まさかここまでとは思いませんでした。翌日、部屋のカギを開けて、もう一度中を見てみると、押し入れの中に、ひざ掛けが一枚残っていたのです。そのひざ掛けを、他の遺品と一緒に倉庫にしまいました。それ以降、お婆さんの声がすることはなくなりました。でも、ヘルパーさんの言うとおり、私たちのことが心配で、まだどこか近くで見ているのではないか、何かあればまた出てきて、声をかけてくるような気がしています。

この話も少し長くなりましたが、周囲の状況まで、聞き取ったままを再現しました。役場の人の苦悩と仮設住宅の問題点をうまく語っていただけたので、それも書いてみました。実際のところ、仮設住宅の孤独死には、特別な影があるように感じます。長年培ってきたコミュニティから切り離され、新たな人間関係に適応しなければならない高齢者にとって、今まで親しくしてきた人と別れて暮らすことは、「今生の別れ」のようにつらいと考えてしまうのではないでしょうか。

その「精神的な悲しさ」を引きずって「日常を取り戻したい」という「思い」が、亡くなったあとにも怪異譚として出てきてしまったということではないでしょうか。この役場の人も言っていたように、津波が破壊するのは建物だけではなく、人と人のつながりも毀(こわ)してしまうのです。まず生死を分かたれ、さらに、たとえ生き残っても、その土地を離れなければならず、友人や近隣社会と切り離されてしまうことで、つながりを絶たれるという意味です。

そして、この話でもう一つ特徴的なのがヘルパーさんです。実際にこのヘルパーさんともお話することができました。五十歳代の女性で、少々男勝りな、肝っ玉お母さんという感じでした。このヘルパーさんに、怖くなかったですかと聞いたところ「あたしのこと憎んで出てきてるわけじゃないし。話すことはちゃんと話さないと仕方がないじゃないですか。ほかに何か方法があったんですか」と明るい声で話していただいたのには、こちらが恐縮するくらいでした。このヘルパーさんには、まったく霊能力はないけれど、この時だけはお婆さんの姿がしっかりと見えたし、実在するように話しかけることができたと語ります。ひざ掛けを持って行ってあげたあと、祟られることも霊障も何もなかったということです。

「ああやって出てきたってことは、おばあちゃん、さみしかったんだねえ。さみしくて出てきたんだから、その望みを聞いてあげただけ」

ヘルパーさんはそう言いますが、幽霊譚では、さみしいから、一緒にあの世に連れて行ってしまうというパターンの話は少なくありません。幽霊とは会話しないほうがよく、こちらは何もできないということをしっかり言わなければいけないとされます。でも震災後のような「異常事態」では、東北の人たちはそんな原則にはとらわれなかった。それよりも、放置してはおけない、と考えたのでしょう。同じように孤独を感じているお年寄り、不安を抱えて、やや孤立気味の暮らしをしている人は少なくありませんでした。そのような状況をすべて踏まえた、このヘルパーさんのような死者との向き合い方が、私たちの胸を打つのではないでしょうか。

その意味では「ひざ掛け」は「お婆さんと家族や地域の人とのつながりの象徴」であり、ほかの遺品と一緒にしてあげたことで、問題が解決したのは救いでした。やはり最後には、人と人のつながりがすべてを解決する力になるのではないかということを、教えてくれる話だったかもしれません。

第二段 「この子だけでも」という切なる願い

1 母と子の絆

子を思う親の心、親を思う子の心、それ以上に強い「絆」はないはずです。東日本大震災の後、復興を願う日本人の多くが「絆」という言葉に思いを託しました。清水寺で毎年発表される、恒例の「今年の漢字」も、二〇一一年は「絆」だったのです。

「絆」とはもともと、犬・馬・鷹などの家畜を、通りがかりの立木につないでおくための綱のことを言います。そのことから呪縛、束縛の意味に使われていました。

しかし、徐々にその意味が変化し、震災後のような、人と人との結びつき、支え合いや助け合いを指すようになったのです。もともとは「糸」が「半分」になっているのですから、大きなものを二つに分けるという意味で、糸がそれをつないでいる構造のために、「つなぐ」という意味に転じていったのではないかといわれます。もちろん諸説ありますが、近年の「絆」という字に込められた意味としては、ちょうどいい解釈です。

この「絆」、「日本人の人と人との結びつき、支え合いや助け合い」が最も試されたのが、東日本大震災ではなかったでしょうか。「死してなお子供や親、愛する人」を「思う気持ち」を感じさせるエピソードが、たくさん生まれました。

もちろん、こうした話は今回の震災よりずっと前から、日本人が語り継いできたものです。最も有名な民話として「飴買い幽霊」があります。

ある夜、店じまいした飴屋の雨戸をたたく音がするので、主人が出てみると、青白い顔をして髪をボサボサに乱した若い女が「飴をください」と一文銭を差し出した。主人は怪しんだが、女がいかにも悲しそうな小声で頼むので飴を売った。翌晩、また女がやってきて「飴をください」と一文銭を差し出す。主人はまた飴を売るが、女は「どこに住んでいるのか」という主人の問いには答えず消えた。その翌晩も翌々晩も同じように女は飴を買いに来たが、とうとう七日目の晩に「もうお金がないので、これで飴を売ってほしい」と女物の羽織を差し出した。主人は女を気の毒に思い、羽織と引き換えに飴を渡した。翌日、女が置いていった羽織を店先に干しておくと、通りがかりのお大尽が店に入ってきて「この羽織は先日亡くなった自分の娘の棺桶に入れたものだが、どこで手に入れたのか」と聞くので、主人は女が飴を買いにきたいきさつを話した。お大尽は大いに驚いて、娘を葬った墓地へ行くと、新しい土饅頭の中から赤ん坊の泣き声が聞こえた。掘り起こしてみると娘の亡骸が生まれたばかりの赤ん坊を抱いており、娘に持たせた三途の川の渡し代の六文銭がなくなっていて、赤ん坊は主人が売った飴を食べていた。お大尽は、「娘は墓の中で生まれた子を育てるために幽霊となったのだろう」と考え、「この子はお前の代わりに必ず立派に育てる」と話しかけると、娘の亡骸は頷くように頭をがっくりと落とした。この子供は後に菩提寺に引き取られ、高徳の名僧になったという。

これに類する話は日本各地に伝わっています。テレビ番組の「まんが日本昔話」では長崎の昔話として紹介されましたが、そもそもは平安時代の『今昔物語集』の中に書かれており、中国では宋代の『異苑』に、類似した話が出ています。仏教説話として、子を思う親の気持ちの深さを示す話として語られたこともあり、日本全国に少しずつ形を変えて分布しているのです。ということは、日本人が最も好きな種類の物語なのかもしれません。幽霊譚といっても、怖さより母親の愛情の深さをうかがい知ることができる、涙ぐましいお話です。

「女は弱し、されど母は強し」とは『レ・ミゼラブル』で知られる文豪ヴィクトル・ユゴーの言葉でした。母が子を守ろうとする時の強さは、子供に対する無上の愛情とともに、世界共通のものでしょう。

その思いを残したまま亡くなってしまっても、あらゆる困難を乗り越えて、母は、愛する者を護ろうとするのではないでしょうか。

それがぴったりあてはまる話を、宮城県で聞きました。

2　神社の子供たち

宮城県の海沿い、造船業などが盛んで、会社のために他の土地から引っ越してきた「新しい人（住民）」と、漁業や農業で昔からこの土地に住んでいる「地場の人」とが混住した町です。この話を神社の神主さんに聞き、そして以下に「オバア」として登場するお婆さんにも直接聞いたのですが、方言がきつくて最初は何のことか、よくわかりませんでした。しかし、その夜、居酒屋でそこに集まった多くの人が同じ話をしていたのを聞いて、町の人が、自責の念を抱いていることに気づかされたのでした。

津波の翌日のこと。高台にある神社に逃げた人は無事だった。この地区に昔から住む人なら、地震があったら、どんなに小さな津波でも、この神社に逃げるという古くからの言い伝えを聞いているはずだが、いつしか、町の人も入れ替わってしまい、新しい住民やほかの地区から来た人が増えたせいか、集まった人はそれほど多くなかった。

「あんなに言ったのにのぉ」

生き残った人たちは、逃げ遅れた人のことが気になる。高台の神社の境内にたき火を絶やさないようにして、暖をとりながら、ここに人がいることを周囲に気づかせる配慮なのだ。夜でもたき火番と見張り番の二人が、常に詰めているようシフトを組んだ。その夕方、

「あのう、ここは安全ですか」

突然、若い女性が現れたのである。津波の翌日までどこにいたのか、すっかり濡れていた。

「どうなすった。大変だったじゃろう。早くこっちへ」

たき火番は女性を、すぐに火の前へ案内した。見張り番の若い男は本殿の方に走って行った。女性たちがお茶や食べ物をお盆にのせて持ってきた。

「女性の手は、氷のように冷たかった。いや、死んだ人のようにといったほうが良かったかもしれない。でも、ここまで歩いてきたんじゃから、それに、津

波の後の東北じゃて。冷たくて当然と思っとった」

「さあさあ、よばれなさい」

本殿から出てきた女性たちはタオルなども持ってきて、その女性にかけた。

女性はいきなり泣き出すと、すぐに立ち上がった。

「子供たちが……連れてきます」

そのまま階段のほうに向かうのだ。

「待ちなさい。ちょっと、一緒に行ってあげて」

見張り番の若い男は、その声を聴いてすぐに飛び出していった。ほかにも元気のある者が数名、あとを追った。しかし、すぐに戻ってきてしまったのである。

「どうした」

「いや、あの女性、足が速いのなんの。階段の下まで見えたが、我々が降りたらもう見えんようになって」

「なに馬鹿言うか、こんながれきしかないところで、見失うはずなかろう」

「そりゃそうじゃが……」

男たちは口を濁した。しかし、見失ったものは仕方がない。もう暗くなってきたため、その日はそのまま、明日朝になったら捜しに行こうということになった。

しかし、その夜更け。交代した見張り番が、腰を抜かすように本殿の中に入ってきた。

「あ、あの、昼の女性が……」

「どうした」

昼にお盆を持って飛び出した女性が声をかけた。

「子供を二人連れてきて……」

それを聞いて女性が飛び出し、続いて本殿にいた者も、みな境内に出て行った。いや、一人だけ長老のオバアがご神体に向かって手を合わせていたという。

出て行った人たちは、驚くべき光景を目にして、立ちすくんでしまった。階段を昇り切った所に、乳飲み子と三歳くらいの子供のご遺体が、きれいに並んで横たわっていたのである。

「これは……?」

たき火番がやっとの思いで口を開いた。

「あの女性が、ゆっくりと……子供の手を引き、赤ん坊を抱いて石段を上がってきて、深々と頭を下げたら消えてしまった。その様子を見ていて、気がつくと下のところに二人が……死んでいたんだ」

本殿からオバアが出てきて、こう言った。

「子供だけでも助けたかったんだろうなあ」

そこにいる人々で二人の子供と、赤ん坊が握っていたお守り袋をねんごろに弔った。


著者の個人的な体験を語るのをお許しいただけるなら、この話を震災の翌年に聞いたことが、本書を書くきっかけになりました。この母子の悲しい物語をどうにかして後世に伝え、残さなければならないと、強く心に誓ったのを覚えています。

「子供だけでも助けたかったんだろうなあ」という言葉が胸に刺さります。

古くからの住民と新しく町に来た人の間に壁があって、津波の危険から逃れるには神社に集まれ、との言い伝えが残されていたのに、残念ながら、新しい住民はほとんど来なかったようです。

この女性は、「子育て飴の幽霊」と同じように、自分が亡くなったことを悟りつつ、子供たちだけでも安全なところに逃がしたかったのでしょう。子育て飴の幽霊と違うところは、一緒にいた子供も亡くなってしまったということです。それでも、母は子供たちを呼びにゆき、連れてきた子供たちだけでも弔ってもらおうとしました。母の強い思いを感じるとともに、「母の愛は海よりも深い」という言葉がぴったりあてはまるエピソードです。

子供たちもいじらしいのではないでしょうか。その場にいた人で、子供たちの声を聞いた人はいなかったそうですが、霊になってもなお、母を信じてついてゆく、親を信じる心。母親の愛を受けた子供が寄せる全幅の信頼は、どのような状況でも変わらない、素直で純粋な信頼なのでしょう。

母と子というのは、まさにこのようなものではないかと思うのです。この親子は、きっと津波がなければ仲の良い親子であったでしょうし、たとえ災害の犠牲になっても親子愛というものは消えるものではないことを、多くの人に知らせてくれたのではないでしょうか。

神社に避難してきた若者は、「目で見える姿」に翻弄されてしまいます。母も子も亡くなってしまっていて、この世の存在ではないということがわかっていたのは、長老のオバアだけだったのです。物事の真の姿を見極める力は、やはりいろいろな意味でオバアくらいにならないと身につかないのでしょうか。

科学的には、突然遺体が並んでいたり、あるいは幽霊であるはずの女性の手を握ったり、肩にタオルをかけたりして、ありえないと思われることばかりですが、震災の翌日という混乱した時期に、科学では割り切れない何か不思議な力を、親子の愛、「子供だけでも助けたい」という一念が作り出した、そう考えたほうがよいのではないかと思います。

3　お母さんがいたから

津波から、すでに三日たってしまった時の出来事として、あとから宮城県の消防団の関係者に聞いた噂話です。

一般論として、災害後の被災者の生存確率は、七十二時間で急に下がってしまいます。消防団としては、当然、焦りが出てきます。何とか一人でも助けたい。消防団の中では、口に出して言わなくても、全員が一致した気持ちを共有していました。

そんな時、まだ誰も捜索をしていない四階建てのマンションの前に来たのです。

「よし、頑張ろう」

消防団は、すぐに捜索を始め、建物の前に折り重なっているがれきを取り除いて、各部屋を探します。四階建ての上の階の部屋は、部屋の中もきれいで、自力で脱出した人が多いように見受けられました。しかし、一階・二階部分は部屋の仕切りがぐちゃぐちゃで、建物の中にがれきが折り重なっています。停電しているので、建物の仲は薄暗く、一見しただけでは何があるかもわかりません。ご遺体になると、なおさらです。

各部屋で「誰かいますか」と声をかけますが、反応はありません。

「やっぱりここもいないか」

消防団の仲間にも、諦めの雰囲気が漂い、もうこの建物の捜索も終わりかな、と思った瞬間、廊下の間の階段の横の扉の隙間から、フラッシュのような光が走って、中に入っていくように見えたのです。

「なんだ」

「何かが光った気がする」

消防団の中に、期待が生まれました。がれきの山の中で何か動くものがあれば、そこには生存者の可能性がある。経験的にそのように思っていたのです。

「漏電か何かで光が走ったのかもしれないね」

「ということは、このビルには非常用発電装置があるのか」

「ならば地下室があるはずだ。探そう」

そんなことを言いながら、もう少し捜索をすることにしました。非常用電源がある場合、停電していても電気が通ることがあります。ほとんどは津波の水に浸かって故障していましたが、まれにまだ動くものがあります。しかしそれを放置すると、漏電などが起きて危険なので、消防団としては発電装置を見つけたら、停止を確認しなければなりません。

そう考えて、がれきをどけて階段の横の扉をこじ開けてみると、地下室ではなく、津波で破壊された一階の部屋でした。床には水がたまっていて、がれきが折り重なっています。そのがれきの間に奇跡的に空間があり、大人の女性と子供が二人いました。

すぐに助けだしましたが、女性は残念ながら亡くなっていました。詳しくは医者ではないのでわかりませんが、震災のすぐ後に亡くなってしまったようです。しかし、子供二人は、部屋の下の水に浸かることもなく、うまく台のようになったがれきの上にいて、ぐったりしてはいましたが、息はあったのです。部屋の中は真っ暗で、三日間もそのような中でよく生きていたものだと思いました。

「もう大丈夫だからね」

「ありがとう」

子供たちは、弱っていたものの意識はあり、消防団に運ばれて病院に行きました。

翌日、手当てをうけ、水や食べ物で元気を回復した子供たちのところにお見舞いに行きました。

「真っ暗な中で、よく頑張ったね」

「本当に真っ暗で、だれも来ないかと思ってた。何も見えなかったよ」

寂しくなかったか聞くと、意外な言葉が返ってきたのです。

「寂しくなかったよ。だってずっとお母さんがお話ししてくれていたもの。でもお母さんが、だれか呼んでくるといっていなくなったら、おじさんたちが入ってきたんだよ」

なんと、子供たち二人は、震災の日に亡くなったと思われるお母さんにずっとあやされていたというのです。そして、お母さんが消防団を呼びに行ったというのです。

「でもお母さんは」

「どこか行っちゃったの。でもおじさんたちが来るまで、元気に話してたんだよ。真っ暗な中で」

あの光の玉がお母さんだったということでしょうか。亡くなってもなお、子供たちを助け、勇気づけたお母さんの愛を強く感じたのでした。

このお母さんは、もう子供たちに会えないことはわかっていても、せめて「子供たちにさみしい思いをさせたくない」という思いだったのかもしれません。死んでしまった自分のことを追いかけて、子供たちが危険なことをすることを最も避けたかった。そのために、子供たちにさみしい思いをさせないようにして、助けが来たら呼びに出たのではないでしょうか。

震災から時が過ぎ、この子供たちは、分別がつくようになっているとのことです。不思議な体験を、まだ小学生の彼らなりに消化して納得するようにしていて、

「あの時、お母さんは生きていたはずだ」

その後、避難所に行くまでに力尽きたと解釈しているようです。お母さんの愛の深さは、十分に伝わっているのではないでしょうか。

4　身体がないんです

次は岩手県の南東部、かつて鉄鋼業で栄えた大きな町で聞いた話です。ラジオ番組の取材のため、隣の町に行こうと、この町まで復旧していた鉄道で行ったのですが、そこから先の交通機関はありません。その時、車に便乗させていただいた、林さんという消防団員の方に伺った話です。この町では、半分が津波の被害を受け、半分は大丈夫だったそうです。被害がなかった地区の消防団の人は、津波の翌日から、被害を受けた土地の捜索を行い、そこで起きた出来事とのことでした。

震災のあった年の十一月に伺った話ですから、もう寒い時期でしたが、「こんな寒い日もまだ歩いているのかな」そういいながら車の運転をしていた彼が、がれきが片づけられた町を隅々まで見渡していたのが、印象的でした。

震災直後のこと。

まだ街中に、がれきや震災の爪痕がたくさん残っていました。消防団や警察などは、自分の家族のことを後回しにしても、一人でも多くの生存者を助けようとしていました。

津波の被害に遭った車が、たくさん残されていました。車の中には、車ごと津波に巻き込まれたため、中からご遺体が出てくることもありました。街からは水が引ききっておらず、ところどころに浸水した箇所が残っていました。

当時はまだ、消防団や警察関係、自衛隊などが捜索活動の中心で、一般の人が自由に街中を往来することは許されていませんでした。がれきの中にはガスや化学薬品など、近づくと危険なものも少なくありません。せっかく助かったのに、そんなところでけがをしたりしてはいけないということで、消防団など、選ばれた人だけが捜索していました。もちろん危険であってよいということではありません。しかし、余震も起きていたし、危険なことがあったら、ただちに逃げられる人でなければなりませんし、またご遺体が見つかったら、すぐ運べるよう態勢を整えていなければいけなかったからです。

しかし、そんな中、夕方になると、どこからともなく子供連れの女性が現れたのです。

「おい、あの遠くにいるの、あれ女性だよな」

「スカートをはいているからな。それに、子供を連れているのじゃないか」

「本当だ。もう暗くなるし、まだ余震もあるから避難しないと」

「誰か、言いに行ってくれるか」

消防団から私を含めて三人が女性に向かって歩き出しました。そろそろ日も落ちかけています。暗くなるのに、子供を連れてがれきの中を歩くのは危険です。私たちが近寄っていくと、道に積みあがったがれきを挟んで、向こう側に親子が見えました。

「どうしました」

私たちの問いかけの声に、女性は何も言いません。手を引かれているのは小さな女の子のようですが、背中を向けているのでよくわかりません。ただ、なんとなく無視されているような気がして、もう一度大きな声で声をかけました。

「大丈夫ですか。ここは危険ですよ」

「ないんです」

お母さんのほうの声がした。

「なにがないんですか」

隣にいた林さんも、やはり大きな声で問いかけました。

「ないんですよ」

女性は、道路で横たわっている自動車の中を覗き込み、そして、そこにないと見ると、次の車を探して子供の手を引いた。

「なにがないんですか、一緒に探しますよ」

がれきの山があるので、なかなか近くに行けないもどかしい思いをしながら、女性の声に反応した林さんが大声をあげた。

「それが、私も娘も無事なんですが、身体がないんです」

「身体？」

意味がわからない、と思った瞬間、女性が振り返った。いや、振り返った感じで顔が見えると思った瞬間に、女性と子供は目の前から煙のように消えてしまったのです。

「身体がないって……」

林さんは、がれきを乗り越えて、消えた場所に行こうとしたのですが、横にいた、三人の中で最も年長の奥野さんが、〝行くな〟と林さんの腕をつかんだそうです。

「自分が死んだことを認めたくないんだ。何か思い残したことがあったのだろう。それに、娘を一緒に亡くしてしまったことを後悔しているのだろう。引きあげよう」

それからしばらく、毎日のように、夕方になると子供連れの女性を目撃したという噂話が出ました。私たちだけではなく、他の消防団の人や自衛隊の人からも、目撃談が聞かれるようになったのです。その後、現場近くのがれきの中の車から、女性と子供の溺死体が見つかり、丁重に供養してからは、目撃談は減りました。それでも、ごくまれに目撃談を聞くことがあります。あの親子はまだ自分の身体を探しているのでしょうか。

震災直後の話が続きます。人間は、強い思いを残した時に加えて、「自分が死んだということがわからないうちに死んでしまった場合」に、幽霊になることがあるといいます。本人は生きているつもりが、肉体がないということになるのです。この話の親子も「自分たちは死んでいない」と思っていたに違いありません。車に乗っていて、何が何だかわからないうちに津波に巻き込まれてしまったのではないでしょうか。たとえば車に乗っていて、車体の後方から一気に襲われたら、津波であるかどうかも認識できないまま、一瞬のうちに亡くなってしまうこともあるかもしれません。

林さんや奥野さんが見たこの親子は、まさに、そのような状況で亡くなられたのではないでしょうか。「死んだことに気づいていない」幽霊だったように思います。

この話の特徴は、「身体がなくなっても死んではいない」という認識を持っていることです。この二人にとって、何らかの儀式、葬式やご遺体が発見されて火葬されるとか、節目を経験しなければ、「死んだ」とわからないのかもしれません。

ご遺体が発見されて供養したあとにも、時々この親子を見かけるという話を思い出すたびに、「子供だけでも魂を身体に戻してあげたい」と母親が願っているのではないかと感じて、切なくなるのです。

5 「おーい、こっちにいるぞ」

震災直後、あまりにも悲惨な状況に心を痛めた私は、東北の知り合いを訪ねて、三月二十一日にかなりの無理をして岩手県大槌(おおつち)町に入りました。ただちに支援物資を避難所に届け、そして、時間の許す限りボランティアをしました。避難所や消防団の人には、かえって迷惑だったかもしれませんが、それでも何もせずにはいられなかったのです。

震災から十日たっていましたが、ようやく被害の大きさが知れ渡ったような段階で、がれきの中には、たくさんのご遺体がそのままになっていました。消防団と、やっと入ってきた自衛隊の方々によって、連日、献身的な捜索が行われており、その捜索隊の人から避難所で直接聞いた話です。

「今度はこっちに行こう」

六人が一組になり、その日は同時に四組ほどが捜索に出た。その日、団長はまだ躯体（くたい）がしっかりしているコンクリート製のマンションに向かった。

「あの建物ですか」

「あそこならば、もしかすると生存者が期待できる」

災害から十日もたって生存者なんて、と思う方もいるかもしれない。しかし、現代は各部屋に冷蔵庫があり、様々な食べ物があり、また水などの飲み物もあるので、部屋の中に閉じ込められていても、中で生きている人が珍しくないのだ。捜索隊は、生存の可能性が少しでもあるところから先に探す。

「よし、行こう」

団長が先頭で、連絡係の無線を持っている消防団員が二番目に、三番目はバールなどの救助セット、四番目は救命救急セット一式、五番目が水や食料や自分たちの荷物、そして副団長が最後尾に歩いていた。目的の建物につく直前、そのマンションから一ブロック横の完全につぶれてしまっているように見える木造アパートの前に、黄色のウインドブレーカーを着ている人がいた。

「おーい、こっち。助けてくれ」

先頭は気が付かなかったようであるが、副団長がその声に気づいた。前を進むほうは進路に危険がないよう気を使っているので、遠くの音には気が付かない場合が多い。周囲に気を配るのは後ろの役目だ。

「団長、あっちに生存者が」

副団長はすぐに、先頭の団長を大声で呼び止めた。

「よし、予定変更。生存者の方に向かうぞ」

「おーい、今から行くぞ」

団長が全員に号令をかけ、副団長は大声で生存者の方に手を振って声をかけた。

「おーい、こっちだ」

黄色のウインドブレーカーの人は、声の感じから男性と思われたが、こちらの応答が聞こえないのか、同じ言葉を繰り返している。

「急ぎましょう」

ほんの一ブロック先のアパートだが、間にがれきの山があり、なかなか前に進まない。それでも何とか到着した捜索隊は、男性に話しかけた。

「生存者はどこですか」

「この三角の屋根の下です。ずっと声が聞こえています」

木造のアパートの二階は、三角の屋根になっており、完全に倒壊していても、屋根が陥没していなければ、中に空間ができていることがある。黄色の男性は、その三角の空間を指さした。

「わかりました」

団長は、すぐに隊員に指示を出した。バールで屋根の隙間をこじ開け、中の荷物を手分けして運び出した。しばらくすると、隙間から手が見えてきた。

「大丈夫ですか」

「……」

さっきの男性は声がしていたと言っていたが、中からは何の物音もしない。もしかしたらという、最悪の想像をなるべく頭の中から消して、作業に没頭した。救急セットを持った隊員は、使えそうな物を準備し始めた。

「どうだ」

腕が出てきた。黄色のウインドブレーカーを着ているようだ。しかし、その腕は動かない。ただし、過去の例でも、人間は閉じ込められた状態で体力を温存するために、なるべく無駄な動きをしなくなる。仮死状態のようでも、助かる人はいる。

「何とかここから出すぞ」

団長は、そう言って黙々と作業を続けた。

「こ、これは」

「もしかして」

残念ながら、助け出した人は亡くなっていた。それも、よほど圧力がかかったのか、崩れた家の中で「圧死」した感じである。地震の後、ほどなくして亡くなっていたのではないか。手を合わせた後、忘れていたことを思い出した。

「おーい」と呼んでいたあの人はどうしたのだろうか。

「そういえば、さっき我々を呼んでくれた人がいません」

救急セットを片付けながら、隊員が言った。

「探すな。ここにいる」

団長は、もう一度手を合わせたあと、無線の隊員に遺体発見の連絡を入れさせた。もう一名の生存者らしき人がいたということは連絡しなかった。

「でも」

「いや、呼んでいたのが彼なんだよ」

黄色のウインドブレーカーにGパン姿は、さっき呼んでいた人と同じだった。

それに、救出作業に移ったら煙のように消えてしまったのも不思議だ。

「きっと、自分のことを探してほしくて、我々を呼んだんだ。これで見つけてもらえると思って安心して、戻ったんだよ」

団長はそう言うと、あとからもう一度捜索しやすいように現場に印をつけて、その木造アパートのほかの部分を探し始めた。


以上は筆者自身が聞いた話ですが、実は、これと同じ体験を以前にしたことがあります。筆者は、平成七（一九九五）年一月一七日に発生した「阪神大震災」の時、会社の都合で阪急西宮北口駅から徒歩三分の場所に住んでいて、最も大きな揺れ、そしてその後水や電気の無い生活を送りながら、被災者の捜索を行った経験があります。

その捜索の時に、現在の兵庫県甲南山手のあたりで、ほとんど同じ経験をしているのです。その時は、「おーい、こっちにいるぞ」と言っていたその人が、倒壊した木造アパートの中から出てきて、その場の人々が全員で手を合わせたことを覚えています。「見つけてほしかったんだろうな」という言葉以外には出てきません。その呼んでいるときの声も、そして「こっちです」といっているときの顔もしっかりと覚えているのです。

話を聞かせてくれた人に「こういうことはよくあるんですか」と聞くと、「ああ、そうだよ。みんな家に帰りたいし、我々はそれを迎えに行かなければならないんだ」。

この時の声は、耳から入ってくるというよりは、頭の中の声が響いてこびりつくというような感じがして、その声に従って、体が自然と動いたそうです。怖いという感じは一切なく、「ああ、そうだったんだ」と普通に受け入れることができたそうです。

「他のご遺体も、すべてこの人みたいに呼んでくれればいいのに」という印象的な言葉も聞きました。三陸の人は、今も行方不明者二五三三人がどこからか見つかるのではないか、関係者の方は「まだ生きているのではないか」というような希望を持っていることがあります。残された人もまた「さみしい」という思いを持っているからこそ、今も行方不明者の捜索をあきらめない人がいるのです。似たような話を、同じ岩手県の隣接した町でも聞きました。

海岸沿いのがれき置き場には、多くの人の家の中の品物がそのまま積まれていた。地震と津波で日常生活が途切れてしまい、流され、無人となった家や会社の中に残ったものがそのまま置かれていたため、その中には、貴重品や価値のあるものも少なくない。

「がれきはゴミではない」というのが、多くの人の思いだった。

ごみのように積み上げられたものでも、津波の被害で命を落としてしまった人の遺品や思い出の品がたくさん含まれている。そこにはさまざまな人の思いが詰まっていたのだ。この自治体では、がれきの山を、暫定的に役場の総務課が管理していた。

上司からは次のように言い渡された。

「悪いけど、交代であの山の見回りをしてくれないか」

「噂では幽霊が出るっていう話ですが」

もちろん本気で信じていたわけではない。しかし、逆に出ないという保証もない。亡くなった方の遺品の山である。

「そうなんだよ」

上司は私の心配を、いとも簡単に肯定した。

「幽霊が出るからいやだというけど、出るはずがないだろう。何か他の事情があるのに違いない。そこで、君たちが定期的に行って確かめてほしいんだ。怖いのか」

「いえ」

「幽霊だったとしても、元はこの町の人じゃないか。地元の君たちなら襲ってくることもあるまい。な、頼んだよ」

そこまで言われて、総務課の男、私と同僚の三人が、役場にいつもいる警備員二人と交代で見回りをすることになった。

ある日の夕方、普段は役場にいて、ここに来るのが初めてという警備会社のアルバイトと、役場の二人、計三人で見回りにでた。電気はすでに復旧していても、まだ街灯まではついていない。照明は自分たちの持つ懐中電灯しかなかった。

がれきの山といってもかなり広く、大型ショッピングセンターの駐車場全体に大きな山が三つ、それが二列になって連なっている。山は合わせて六個だ。私たちはこの外周を一周し、真ん中を通って帰るコースを歩いていた。

外周を回っているときに、警備員が遠くに人影を見つけた。

「誰かいますか」

まず懐中電灯をあてる。しかし、相手は一人で走って山の陰に入ってゆく。

「追いかけましょう」

私たちはうなずいて走り出した。

がれきの山を回り込んでも逃げた相手は見当たらない。二手に分かれて挟み撃ちにすることにした。両側から山を回り込む。しかし、怪しい影の主はいなくなってしまった。

「おかしいなあ」

「がれきの山の上に逃げたのかなあ」

「いや、そんな影は見えなかったし、それなら何か音がするだろう」

三人で不思議がる。がれきの山に登る以外、我々が追いつくはずだ。山に登れば踏み音がする。走っていたとはいえ、私たちの物音しか聞こえなかった。

そんな話をしていると、

「すみません」

突然私の後ろから声がした。

なんだ追い越したのか……そう思って振り向くと、そこには全身が水に濡れて、海から上がってきたばかりのような、右腕がない男性が立っていた。よく見ると、目のあるはずの場所には何もなく、口からは何かが零(こぼ)れ落ちてきた。

「私の腕、ないんですよ。探すの手伝ってくれませんか。たぶんこの山の中に入っていると思うんですが」

「私の頭もお願いします。ここを直せば元に戻ると思うんですよ」

腕のない男の後ろから、首も右足もない人が、同じようにやはり出てきたのだった。首から上がないのに、どこから声が出ているのか。

「ギャアアア」

私はあらん限りの声で叫ぶと、一目散に車のほうに走った。同僚も走っていた。

バイトの警備員は、一足遅れたのか、そのまま「人のようなもの」に囲まれてしまった。

「助けてくれーーっ」

声がする。車で役所に戻ると、応援を連れて現場に戻った。さっき置いてきてしまった警備員の救出のためである。果たして、彼はそこに倒れていた。よくある怪談話なら、足とか目を幽霊が持って行ってしまうとか、あるいは、そのまま気がふれて元に戻らないような話になるのかもしれないが、この時は、そんなことは全くなかった。五体満足でその場に寝ていた。

また「人のようなもの」がいつ出てくるかわからないので、周囲を気にしながら、今度は影が見えてもそちらを追いかけないと申し合わせて、ゆり起こし、車に連れて帰って話を聞いた。幸い、彼はすぐに目を覚まし、水を一口飲んだ後すぐに話すことができるようになった。

「あの後、幽霊に取り囲まれたのですが、助けてと叫んだ時に、持っていたお守りが熱くなって、幽霊がすべて消えたんです」

信弘君の持っていたお守りは、ヒモを残すだけになっていた。私たちは何も言うことができなかった。翌日、寝不足の青い顔をして上司に報告した。

「そうか、幽霊が出るのか。で、なんで探すのを手伝ってやらなかったんだ」

上司はまったく他人事のように言った。そして、事務的に今後、がれきの整理をする時に「遺体の一部が入っている可能性があるので、注意して作業してほしい」というような指示書を出していた。がれきの山の見回りは中止され、中から人体の一部が出たら、すぐに供養するようにした。

忘れられないのは「ここを戻せば元に戻れる」という言葉だ。本人はまだ生きているつもりだったのだろうか？

がれきの山の処理が終わった後でも、役場の窓口には、身体の一部がどこかに残っていないかという問い合わせが、あまり人がいないときに来たという。

突然の地震と津波で、大きく環境が変わってしまった場合、その差があまりにも大きいと、自分が今までと違う環境の中にいる現実に「とまどい」を覚えます。それは、生きている私たちも、亡くなった方も同じではないでしょうか。それを解消するために、様々に動きだします。その時、自分の大事なものがないと気づけば、探しに行くのは普通のことなのかもしれません。

6　逃げる音

震災にまつわる悲劇的なエピソードの多い、宮城県北東部の被災地で、震災から二年たっても、まだ片づけられずに残されている建物があると聞き、取材に行きました。この町の住宅街は更地になっていましたが、更地の中に、表札のような名前を書いた札や石が置いてあるのを見ました。家を建ててもよいことになれば、すぐにでも帰ってくることができるよう、目印を置いているのです。一面の更地で、復興のための工事に使う、長大なベルトコンベアが延びている中で、自分の敷地に立てた札を見ながら佇んでいる人に声をかけ、伺った話です。その方の隣の敷地には「三浦」という札がなかったことに、一抹の寂しさと悲しさを感じたのをよく覚えています。

震災の後、数日後には私も含めて「家」に戻り、片づけや整理をしていました。

「家の整理」と言っても、掃除という意味ではありません。

まだ家が半分くらい残っていたり、一階だけが水に浸かったという人なら、そうかもしれませんが、私のところのように、海から数百メートルというような地区では、「家」そのものがなくなっています。自分の家が建っていた場所には、ほかの家の一部や見たこともない車が、何か大きな悪魔の手で握りつぶされたかのような形で残されていました。

それでも多くの人は、自分の家があった痕跡や、自分の家族がいた証を探そうと、避難した場所から毎日、家があった場所まで戻っていたのです。

「三浦さん、大丈夫でしたか」

ある時、隣の家に住んでいた三浦さんと、何日ぶりで再会しました。すっかり憔悴しきった感じで、不幸があったに違いない様子でした。いつもなら「何かあったのですか」と聞くのですが、震災後は、そのようなことを聞く人はいません。生きていたと喜ぶのはいいのですが、他人の不幸について訊いてはいけないというのが、不文律になっていました。

「母がいないんですよ。どこかで見かけませんでしたか」

なんとなく、やはり家があった場所に戻ってきてしまう。聞かれなくても、親しい人に自分の身内のことについて話してしまう。それが私たちの普通の感覚なのでしょう。

「どこかで見かけましたら、お知らせしますよ」

「母は足が悪かったから……」

三浦さんは、それ以上は口を濁しました。そして背中を向けて、かつて彼の家のあったほうを向きました。もちろん、そこに彼の家は跡形もなく、他の家の残骸が横倒しになっているだけだったのです。

少しすると、町会長が走ってきていいました。

「そろそろ時間だぞ。耳をふさぐなりなんなりしないと」

町会長はそういって回っていたのです。

「そんな時間か」

私は、毎日のことなので、もう慣れた感じで耳に手を当てました。

バタバタ……バタバタ……

スリッパか何かの音が聞こえ、そしてそのあとゴーッという音が、手でふさいだ耳の中に響きます。何度聞いても嫌な音です。そう、あの日の津波の音。三時二十一分、この町を襲った津波の音と、そして逃げまどう人々の足音が聞こえるのです。この音は、ほとんどの人が聞いています。これ以上ここで作業をしていると「海に引き込まれる」というような都市伝説も、このころ私たちの間に広まっていました。

私たちは二度と、津波の音など聞きたくありません。家が軋み、水圧に倒される音、自動車が流されて壁に叩きつけられる音。そして中には、津波に投げ出されて助けを求める声、いずれも、もう一度聞かなくても、私たちの耳の中に残って一生消せない音になっています。だから誰も聞きたくないのです。その音の時刻になると、作業の手を止めて、避難所への帰り支度をはじめるようにしていました。

私は、耳をふさぎながら、なんとなく隣の三浦さんが気になり、目を向けました。何かを感じたわけではありません。すると三浦さんは耳をふさぐこともなく、そのままボーッと立っていました。そして突然、「母さん」と言って、海のほうに走り出したのです。

「三浦さん」

私は、三浦さんを追いかけました。周囲の人も気づいたようで、三浦さんを追いかけ、そして何とか押しとどめました。三浦さんは、涙を流して「放してくれ」と叫んでいたのです。

後になって、落ち着いた三浦さんが話すには、水の音、津波の音、そして多くの人が走る音にまぎれて、三浦さんの母の、特徴的な走る音が聞こえたそうです。足が悪かった三浦さんのお母さんは、歩くリズムが他の人と違います。その音で、足が悪いながら何とか逃げようとした様子が伝わってきました。その聞きなれた調子の足音が、三浦さんには聞こえたそうです。そして波の音とともに、海のほうに消えていったというのです。

「引き込まれるという都市伝説は、これだったのですね」

私はなんとなくそうつぶやくと、三浦さんを止めていた他の人も頷いていました。

その後、三浦さんは元気を取り戻しましたが、しかし、この土地にはこれ以上住むことができないといって、内陸の町へ移住してゆきました。ただし、お母さんがいた町の役に立つことがしたいと、たまに、新しい仕事の合間を縫って、がれきの片づけの手伝いに来てくれました。

そしてあの音は、津波から四十九日を過ぎると、聞こえなくなりました。もしかしたらまだ聞こえていて、私たちが慣れてしまっただけなのかもしれませんが。今でも毎月十一日になると、音が聞こえるという人が出てきますが、町の人たちは気にとめなくなりました。

愛情が深い家族同士は、非常事態でも「一緒にいたい」という気持ちが強いのかもしれません。ではもし、片方が亡くなってしまった場合、どうなるのでしょうか。死んだ人が生き返るか、あるいは生きた人が死んでしまうか、どちらかしか「一緒にいたい」という願望を満たすことはできません。通常の心理状態では、このような場合、亡くなった方を思い出して、「心の中で生きている」と考えるようになっていくものです。しかし、まれに生きている側が、自死という選択肢を選んでしまうことがあります。そうなった時、「引き込まれたんだ」とか「連れて行かれた」というとらえ方をする人が少なくないわけです。「後追い自殺」といっても、生きている側が死へと踏み出したのか、あるいは先に亡くなった方がそちらに引き寄せたのか、真実は当の本人にしかわからないものです。

この三浦さんをめぐる話は、「三浦さんが引き込まれそうになった」と読むのが普通なのかもしれません。津波が押し寄せてきた時間になると、逃げる足音が聞こえる。亡くなった時の情景を再現されることがあるのです。

怪談で、飛び降り自殺をした人の姿が、何度も見えるというものがあります。よく聞いてみると、窓の外を飛び降りている姿が、途中まで見えるのですが、地面に着くまでに見えなくなるというのです。それは、飛び降りている途中で本人が意識を失ったために、そこで記憶が途切れているからだと解釈する人がいます。つまり、「亡くなった方の記憶」を客観的に見せられたり、あるいはその時の音を聞かされたりしているというのが、このパターンの怪談の特徴です。

そこから類推(るいすい)すれば、三浦さんたちが聞いた津波の時の足音とか、車のつぶれる音、建物の軋む音などは、すべて「それを聞きながら犠牲になられた方の記憶」を後追いしているということになります。その後追いが継続すると、三浦さんのように海に向かって走り出してしまう。海に引き込まれてしまうことまで再現してしまうことになるのではないでしょうか。

そこで被災者は、なるべく犠牲になられた方とシンクロしないように、耳をふさぐなどの対策を取っている、ということがわかる話なのです。では、なぜ三浦さんはシンクロしてしまったのでしょうか。そこに「親子愛」があるからではないかと思います。この場合は、子供が年老いた母に対して持つ「親孝行がしたい」という愛情です。その「孝行心」が、いつの間にか、亡くなった方の震災体験を追体験してしまう状況を生んでしまうのかもしれません。

そして、それを止めたのが、近所の人々の絆や結びつきだったということも、この話の重要なポイントではないでしょうか。親子愛だけでなく、地域愛、友情など、さまざまな形のつながりをすべて大事にしなければならない、という話だったように感じました。

第三幕

あの日に帰りたい

第一段　帰るべき場所

1　人間の帰巣・帰省本能と「神隠し」

動物には「帰巣本能」というものがあります。人間も同じで、どんなに豪胆な人であっても、自分が生まれ育ったところ、自分が本拠としている場所に戻りたいという純粋な気持ちを、どこかで抱いているのではないでしょうか。

日本の「三大怨霊」の一人である菅原道真は、藤原時平の讒言(ざんげん)により左大臣の地位を追われ、大宰府に追放されてしまった時、有名な和歌を詠みます。

東風（こち）吹かば　匂いおこせよ　梅の花　主なしとて　春を忘るな

西国に左遷され、流されてしまった自分の立場と、自分の屋敷にある梅の花を思って詠んだといわれる歌です。その道真が死後に怨霊となり、それを鎮めるため、天皇をはじめとする多くの人々が道真を祀ったのが、「天満宮」となりました。道真が死んだ大宰府と、その梅の花があった屋敷跡が、それぞれ太宰府天満宮・北菅大臣神社になっています。

家に帰りたいと思うのは人間の性です。たとえば旅行など楽しい経験をしてきたのに、家に帰ってくると、「ああ、やっぱり家が一番だなあ」と思う人は多いのではないでしょうか。

では、久しぶりに帰る人は、どのようなことを考えているものでしょうか。

昔の田舎町には「神隠し」という現象がありました。突然、人がいなくなってしまうものです。電気のない時代ですから、すぐに暗くなってしまいますし、道路も整備されていないので、迷ったり事故に遭ったりしたことも多かったでしょう。まだ人身売買の慣習が残り、人さらいが来るような状況も少なくないので、誘拐に近いこともあったのではないかと思います。寒村では、食糧不足に苦しみ、「口減らし」といって、飢餓に陥らないよう子供を殺してしまう習慣があったところも存在します。その時、あからさまに「口減らしで殺した」とはいえないので「神隠しにあった」と、神の仕業にすることが、往々にしてあったのではないでしょうか。

東北の民話のふるさとといわれる遠野には「寒戸（さむと）の婆さま」という物語があります。遠野に行くと、囲炉裏端で民話語りのお婆さんの東北の口調に耳を傾けながら、臨場感のある素晴らしいお話が聞けますが、紙面ではそうもいかないので、あらすじのみ書くことにします。

昔、松崎という地区に寒戸という家がありました。ある冬の寒い日、そこの八歳になる女の子が外に遊びに行ったまま、帰ってこなかったのです。赤い鼻緒の草履をはいて、お人形さんを持って遊んでいるのが最後に目撃された姿でした。暗くなっても女の子が帰ってこないので、村人総出で探しました。すると、家の梨の木の根元に、赤い鼻緒の草履とお人形がきれいに並べて置いてあったのが見つかりました。ということは、この子は誰かにさらわれてしまったのだろうと、村の人は噂しました。お母さんは嘆き悲しみましたが、家の主人は赤い鼻緒の草履とお人形を形見の品として、いなくなった日を命日に、お葬式を出したのです。

寒戸の家では、毎年、命日に親類や近所の人を家に招き、女の子の供養をしました。いなくなった日から三十年か五十年たったかわからなくなっても、毎年恒例となっている供養を、親類や近所の人を招いて続けていました。すると、そこに白髪頭でぼろぼろの着物を着て、擦り切れた草履をはいたお婆さんがやってきたのです。「どちらの方ですか？　見かけない顔ですね」。もう息子の代になっていた、その家の主人が出てきて訊ねると、「三十年前にさらわれた、この家の娘です」という。驚いた主人が「帰ってきたなら、今、お前さんの供養でみんな集まっているところだから、中に入りなさい」と手を引いたのですが、お婆さんは「そんなことはしていられない」と言い、「親類やこの家の人がどうしているか、一目でいいから見たかっただけだ、みんな元気そうなので安心した。このまま帰る」と言って、どこへともなく消えてしまったのです。その日も、娘がいなくなったのと同じ、とても寒い日でした。それからというもの、寒戸あたりの人たちは、冷たい風の吹く夕方に、子どもたちがいつまでも外で遊んでいると、「寒戸の婆さま、来るんだぜ」と言うそうです。

2　遠野物語「寒戸の婆さま」からの考察

この「寒戸の婆さま」という話は、「神隠し」の被害者である女の子が、何十年後かに戻ってきて、家族の安否を確認するとまた消えてしまう、というものです。「神隠し」が単なる人さらいや事故と区別されたのは、「神域」で起きるからだとされます。昔の日本の地域の中には必ず、神域とされる場所がありました。街の中にも「祠」や「注連縄（しめなわ）をした古木」などがあったように、山深い村や神社の境内でなくても、街中に神域がいくつもあったのです。そこで神様や、あるいは神の使いとされる者に魅入られて、神の領域から出ることができなくなり、そのまま、人間の領域からは、見ることも会うことも話すこともできなくなってしまう。

「神隠し」の歴史は古く、『今昔物語集』や『日本霊異記』などの説話集にも、類似の話が出てきます。鎌倉時代の文書『吾妻鏡』には、平安時代の武将、平維茂（たいらのこれもち）の子である平繁成（しげなり）が、誕生間もなく行方不明となり、四年後、夢の中のお告げで狐塚の中から発見されたという伝承があり、この時、狐が翁の姿に変じて現れ、刀と櫛を与えていった。平家である維茂の子孫は、この時に狐にもらった刀と櫛を、家宝として伝えていったと書かれています。

「神隠し」の多くでは、神様そのものではなく、「神の使い」としての「天狗」や「妖怪」が、実行するとされています。天狗とは神の使いで山の神の精霊であり、剣術の達人で武にもすぐれ、また正義漢であるとされます。

さらに東北には「雨女」という妖怪がいて、神隠しを実行する主体であるとされます。「雨女」というのは、幼くして子供を亡くしたり、神隠しにあって子供と会えなくなってしまい、心を病んでしまった女性の幽霊であるといわれます。この「雨女」は、いつも泣いていることから、雨を降らせるというのです。

3　先祖が帰ってくる「お盆」の起源

さて、『吾妻鏡』や遠野物語の「寒戸の婆さま」の民話に共通するのは、神の領域から帰ってきた「人」の存在です。

「神の領域」と書くと、なんだか神々しい世界のように感じますが、実際は、「現世の人と会うことができない」「言葉も通じない」、「死者と同じ場所に行ってしまう」ことに近いのです。だから「寒戸の婆さま」では、「神隠しにあった日」を命日にして法要を行っているのです。「神隠しから戻ってくる」とは、「死後の世界から帰ってくる」のと同じ感覚になります。違いは、受け入れる町の人々が「死んだ」と認識しているか、それとも「神隠しにあった」、現代風にいえば「行方不明のまま」なのか、ということだけです。

日本の死生観では、「死者の世界」も「これから生まれてくる魂の世界」も、同じ神の領域で、古事記では「黄泉(よみ)の国」と表現されています。古事記で、伊邪那岐命が黄泉の国まで追いかけてきた時、伊邪那美命は「あなたは、すぐにわたしを助けに来てくださいませんでしたので、黄泉の国の食べ物を食べてしまいました」といって、一緒に帰ることはできないと拒絶します。ここには、その土地の物を食べるとその国の住人となる、という日本人の思想があらわれています。今でも「水に慣れる」「水が合う」などという言い方をしますから、そういう感覚をわかっていただけるのではないでしょうか。伊邪那美命は、黄泉の国の食物を食べたので「黄泉の国の住人になってしまった」、そのために地上の世界には帰れない、と言っているわけです。神隠しも同じで、神の領域の食べ物を食べ、神の領域の水を飲んでしまえば、違う世界の住人になってしまうことを意味します。「寒戸の婆さま」で「お婆さん」が安否だけ確認すると、すぐ帰るのは、もう「寒戸の住人ではなくなってしまったから、戻ることはできない」ことを伝えているのです。

このように「神の領域」にいながら、残してきた子供や家族のことを思うという物語のパターンは、「神隠し」のような伝説、民話にたくさん残されています。「神の領域」である「死者の世界」から帰ってくるのは、「お盆」という日本の慣習と同じ構造だといえるでしょう。お盆は「盂蘭盆会」という仏教儀式を日本流に習慣化したもので、仏教に多大な影響を与えた古代インドのサンスクリット語の「ウランバナ」という儀式が、現代まで残ったものです。サンスクリット語の「ウランバナ」は、現在の「ウド、ランプ」(ud-lamb)、つまり倒懸(さかさにかかる)という意味であるとか、または古代ペルシャ語の「ウルヴァン」(urvan)、つまり「霊魂」という意味が合わさってできた言葉が語源ではないかといわれます。古代ペルシャでは、精霊は人間の中にも宿っていて、人間が死ぬと魂の最も神聖な部分、これは古代ペルシャ語、そしてゾロアスター教で「フラワシ」という下級霊とされているのですが、そのフラワシになった祖先霊を迎え入れる儀式があり、それを「ウラバンナ」と呼んでいたようです。

お盆を、ただの長期の夏休みとしか考えない人が増えていますが、本来は、先祖の霊が私たちのもとに帰ってくる、大切な日です。日本人は、亡くなったり、神隠しに遭ってしまったりして、現世の我々と普段は会えなくなってしまった人でも、やはり自分の出身地や残された人を気にかけて、お盆やお彼岸に帰ってきたいと願っている、と考えるのです。

東日本大震災でも同じ死生観が存在していたのではないでしょうか。不幸にも犠牲になってしまったり、あるいはいまだに行方不明で「神隠し」のような状態になってしまっていても、やはり必ず「家に帰りたい」「あの日に戻りたい」と願っているはずだ、と考えるわけです。

第二段　止まった時間

1　死んだことに気づかない

怪異譚の中で死者が幽霊になる状況には、二つの代表的なパターンがあります。一つは、「人を恨む」「思いを残す」ということです。現世に執着が残っているため、自分が死んだことに気づいても、この世にとどまってしまう。人にとり憑いたり、祟りをなすような幽霊は、このパターンにあてはまります。もう一つは「死んだことに気づかない」または「死んだことに納得がいかない」場合に、自分は生きているつもりで、同じように姿を現してしまうというパターンです。

しかし、肉体は失われてしまっていますから、生者とうまくコミュニケーションすることができません。生きている時と違うと怒ったり、生きている人を逆恨みしたり、中には「死んでいると教えてほしい」ということを頼み、教えてくれた人に恩返しをするといった話もあります。

「死んだことに気づいていない」という怪異譚の代表的な例に、以下のようなものがあります。

ある看護師さんが、シフトで夜勤をしていました。すると、ナースコールが鳴ります。その部屋は、誰もいないはずの部屋でした。本来、その部屋でナースコールが押されるはずはありません。しかし、夜ですから、トイレかどこかに行って部屋を間違えて、ナースコールを押した可能性もあります。同僚が席を外していたため、その看護師は一人でナースコールがあった部屋に行きます。すると、いないはずのベッドの上に、お婆さんが横になって苦しんでいました。職業柄、そのお婆さんに近づいて声をかけます。ところが体温計を確認しようとベッドサイドを見回し、一瞬目を離した間に、なんとそのお婆さんは消えてしまったのです。「ふざけていないで出てきてください」などと、部屋の中を探しても、そもそもベッドの上に人がいた形跡がありません。看護師は怖くなってナースステーションに戻り、もう一人の看護師に聞くと「その部屋のお婆さん、昨日亡くなりましたよ。ちょうど夜で大変だったみたいです」などという。「でも、今さっきベルが鳴って部屋まで行ったんですけど」というと、「鳴るはずないですよ、誰もいないんだから」と、何事もなかったように仕事の続きを始めました。私が見た苦しそうなお婆さんは、いったい誰だったのか。だいたいこのような話です。

このお婆さんは、自分が亡くなってしまったことに気づいていないのでしょう。そのまま病院に入院しているつもりで、すごしているわけです。この話が派生して、看護師や他の患者さんにとり憑いたり、あるいは、物を取りに来たり、お世話になった看護師さんにお礼を言いに来たりという話に発展することもあります。途中で自分が死んでいることに気づいて新たな行動に移るか、気づいても、亡くなる前の習慣を続けることにこだわるのかで、次の展開は変わります。

いずれにしても、「死んだことに気づかない」という幽霊譚は非常に多く、そういう霊魂は、生きている人と同じ行動をとろうとしますから、私たちの中に紛れこんでいても、気がつかないかもしれません。ましてや、大震災の後の混乱で、人々の住まいが定まらない三陸地方では、ふだんの「顔見知り」のつながりも拡散していますから、幽界との境があいまいになり、さまざまな魂がまぎれ込んでしまっていても、わからないかもしれません。

死んだという自覚がない人にとって、「自分の家に帰りたい」、今までの自分の毎日の生活を取り戻したい、津波の前の時間に戻りたいと願うのは当然のことです。その「帰りたい」という思いが、怪異譚として人々の会話で語られ、記憶される舞台の多くが、タクシーの車内だということに、気づきました。震災後に宮城県を取材していて、私はタクシーの運転手から、類似した話を、いくつも聞くことになったからです。

2 タクシーの幽霊

以下は宮城県東部の、漁業で有名な町で聞いた話です。東日本大震災のタクシーの幽霊譚は、全国紙に紹介されるなど有名ですから、ご存じの方もいるかもしれません。私もご多分に漏れず、タクシーに乗った時、この話を伺いました。最初はなんとなく、相槌を打つのも不謹慎のように感じましたが、接客業で話慣れているのか、コミュニケーション能力が高いのか、ユーモアも交えながら話をしていただき、タクシーに乗っている時間が非常に短く感じられたのをよく覚えています。

津波に襲われた石巻のある地区で、タクシーの運転手が困っていることがあるという。複数の運転手さんに聞いた話だ。

手を挙げてタクシーを呼んでいる人を見かけて、乗せる。震災後しばらくすると、被災地を見たいと訪ねてくる人が次第に多くなり、またボランティアなどで、地の利に明るくないのに訪れてくる人も増えた。電車やバスなどの公共交通機関はまだ完全に復旧していない。なにしろ、鉄道はすべて、津波で線路ごと流されてしまっているし、バスも、住宅や公共施設がないところに停留所を置くわけにいかないので、新しい街づくりにあわせて路線変更しなければならず、まだ走っていない。タクシーしか交通機関がない状態だ。

ところが、ある地区に限って、そこで手を挙げている人を乗せると、よく不思議な出来事が起こるため、タクシーが人を乗せなくなってしまった。というのも、乗せた人の多くが、津波で完全に流され、無人となった場所を行き先として指定するのである。

「そんな何もないとこ行くんか」

運転手さんは、「?」と思って後ろを振り向くと、誰もいない。乗せたはずの人が座っていたシートが濡れていて、ほのかに海の臭いがした、という運転手もいた。

「普通の幽霊話だと、トンネルの前でワンピースの女性がいてとか、だいたいどんな人がそげなことすっか決まっとるじゃろ。しかしな、この地区はそげなことでねぇんだ。ここに限って言えば、服装や性別に関係なく、みんな消えんだなぁ」

タクシーの客が一人でも二人でも、親子連れ、お年寄り、若い女性、スーツ姿の男性など老若男女関係なく、多くが消えてしまうというのである。

「手ぇ上げてっから、止まんねぇどなぁ」

昼も夜も関係なく、乗せてから少したつと、忽然と消えてしまうという。

「この前なんか、『この辺で乗せる客はみんな消えんだなぁ』って言ったら、『そうですか』といって『そうなんですよ』なんて笑ってたら、そのうち声が聞こえなくなった。バックミラーを見たら、いなくなっていたんだ」

タクシーだから乗車拒否は禁止されている。手を挙げている人がいたら止まらなければならないのに、乗せると消えてしまうことが増え、徐々にその地区にはタクシーが行かなくなってしまった。

「みんな帰りたいんですよ。とりたててその地区に大勢の人が働きに来ていたという話はないんですが、ちょうど潮の流れで、あの地区に多くのご遺体が集まっていたというし……。生前暮らしていたところに帰りたいんだろうと、噂していたんですよ」

「タクシーと幽霊」というと、かなり昔から存在する一つのパターンがあります。一九七〇年代に、関西のとあるトンネルの周辺で発生した噂が、マスコミで話題になったのは有名でしょう。

夜、タクシーを走らせて山道を通っていると、トンネルの手前で、女性のお客さんが手を挙げているのを見つける。こんなところでおかしいなと思いながら、車を停めて乗せる。お客さんは、行き先だけを告げると、ずっとうつむいている。なんだか陰気でいやだなと思いながら走っていると、トンネルにさしかかる。トンネルを抜けて、何気なくバックミラーを見ると、その女性がいなくなっている。走行中のタクシーから飛び降りるはずもないし、トンネルの途中でいなくなるとは変だ。車を停めて見てみると、座席の下に隠れていることもなく、やはり完全に消えていて、女性が座っていた部分のシートは濡れていた、というような話です。

後日談として、その場で以前、自動車事故に遭って亡くなった女性がいたとか、トンネルの上に火葬場があったなど、さまざまな理由がつけられたりもしました。

さて、タクシーと幽霊の話は、その人が亡くなった場所から、出身地やゆかりのある土地へ、幽霊が「帰りたい」「行きたい」場所へ移動する交通手段として、タクシーを使うという特徴があります。なぜか、生きている人と同じ手段で移動したいわけです。

「幽霊トンネル」について考えてみると、「異界」としてのトンネルの手前で乗るという特徴があります。タクシー以外の他の交通機関はないのでしょうか。はたして幽霊は電車やバスに乗るのか、疑問が湧いてきます。タクシーの場合、個室で、しかも密室ですから、走っている間にいなくなれば、すぐ気づきます。消えたと気づかれることが大事なので、タクシーが選ばれるのかもしれません。しかしバスや電車に乗って、気がつかれないうちに消えてしまっている幽霊もいるのかもしれません。幽霊が一般の人に混ざって一般の交通機関に乗って移動しているかもしれないと思うと、なんとなく痛快な感じがします。

では、幽霊たちは「どこに」行きたいのでしょうか。「タクシーと幽霊」の怪談のパターンは、基本的に、自宅または思い出の場所など「自分の帰るべき場所」を指定するようですが、三陸では「津波で瓦解した場所」を行き先として必ず指定するそうです。その場所が「帰る場所」であり、その帰るべき場所に行くことが、亡くなった方が最も落ち着くのではないでしょうか。それは自宅とは限りません。仕事熱心だった人なら会社を指定するかもしれませんし、あるいは、心配している人がいる、病院や家に行きたいと願う場合もあるかもしれません。

ではタクシーに、なぜ「そこから」乗るのでしょうか。そこでご遺体が発見され、人生が終わってしまったことがあるのかもしれません。三陸の場合も「潮の流れの関係でご遺体が多く打ち上げられた」とタクシーの運転手さんが言っていました。要は「自分が最後にいた場所」から「自分の帰るべき場所」まで、生きている時と同じように帰ってみたい、ということになります。

タクシーの乗客たちは「無事に」帰ることができたのでしょうか。中には、何度もタクシーに乗ってしまった霊もいるかもしれません。震災後、時間がたつに従って、目撃談は減ったとのことですから、徐々に帰るべきところ、行くべきところにたどりつけたと考えてよいのかもしれません。でも、帰りつくことができなかった霊はどうしているのでしょうか。中には、帰る場所を見失ってしまったケースもあるかもしれません。

そのような彷徨(さまよ)ってしまう霊がなくなるように、亡くなった方の魂が、一刻も早く、あるべき場所に落ち着けるように、生き残った私たちは、復興を進めなければならないでしょう。復興が遅くなればそれだけ、幽霊も行く場所に困ってしまうのではないか。そのように思えます。

3 「私たちは生きているのでしょうか」

次は宮城県の、前回出てきた港町のとなりの町を訪れた際に、「この話はあまりしていないから」と、ちょうど非番だったタクシーの運転手さんから聞いた話です。まさに話の中の若者が出てきたという「復興酒場」で伺いました。津波が押し寄せる防災庁舎の中で、建物の安全を信じ、防災無線を流し続けるなど、最後まで懸命に努力していた土地柄、やはり最後まで大丈夫だと思いながら、亡くなった人も少なくなかったのかもしれません。「まさか」という気持ちがあるんだよ。そういった運転手さんは、話の最後にふと「君は生きているよな」と私に声をかけたのが印象的でした。

震災後しばらくたったある日、私がタクシーを運転していると、数人の若者が道ばたに出てくるのが見えました。ちょうどその日は夜勤で、夕方からの勤務でした。このころ、夜の時間帯にお客さんはほとんどいません。それでも夏ごろになると、復興商店街やコンビニなどもできてきたし、パチンコ屋も夜まで営業するようになったので、ちらほらと夜のお客さんも出てくるようになりました。

復興商店街の中に居酒屋なども営業を開始すると、だんだんお酒を飲む機会もできて、復興商店街から仮設住宅までタクシーで行き来するお客さんも増えてきました。

被災地は、ずっと悲しみに暮れているだけではないのです。はじめのうちは先が見えず、絶望するような経験をした人も、夏ぐらいになると徐々に前を向き、自分の進むべき方向を探すようになります。あの日までの仕事とは違う職種でも、やはり地元のために何かしたい。地元の人々の役に立ちたい。このまま この町に住んでいたい、と思うようになるのです。

酒を飲むのは地元の人ばかりではありません。夏休みに入って、また多くの人が、がれきの片づけや選別に戻ってきてくれたのですが、そのボランティアの人々も、今度は復興商店街で地元の人々と酒を飲んで、親睦を深めていきます。さまざまな人が思い出しては来てくれる。そのことがどれほど被災地の人を勇気づけてきたでしょう。震災直後から来ているボランティアと、新しく入ったボランティア、そして地元の人というようなグループで、タクシーの利用も増えてきました。

しかし、復興のことを気にかけているのは、生きている人ばかりではないようです。その日も、夜勤の習慣で、いつものように復興商店街の近くで車を停めていると、若者のグループがやって来ました。

「運転手さん、いいですか」

私は車の扉を開けると、「はい、どうぞ」といいましたが、グループのリーダーらしき若者が、運転席の横に来たので窓を開けると、「みんなで乗れますか」というのです。

数えるとちょうど四人、「狭いけれども乗れますよ」というと、彼はにっこり笑顔になって、他の仲間を後部座席に乗るよう促し、自分は助手席に座りました。目的地は少し遠いところでしたので、海沿いを走っていると、お客さんは急に黙ってしまいました。それでもまだ、私は何とも思いませんでした。

夏になっても、海沿いを走りながら、しばらく海を見ていると、昼夜を問わず、我々はどうしてもあの時を思い出してしまいます。なんとなく、車中の雰囲気が重くなった感じがしましたが、これは、どんなお客様でも同じなのです。

しかし、この時は少し違いました。

「運転手さん、ちょっと停めてもらっていいですか」

「はい」

夜なのに、と思いながらも、お客さんの言う通りにしました。お客さんたちはみんな降りて、道路の端に立って海のほうを向いています。もちろん、今までこういうお客さんがいなかったわけではありません。親しい人が近くで亡くなっていたりすると、その人の思い出の場所で、いったん車を停めて手を合わせる人は少なくないからです。でも、この若者のグループはなんとなく様子が違いました。具体的に何が、と聞かれると困るのですが、しかし、どこか変なのです。

しばらく待っていると、リーダーの若者が振り返っていいました。

「運転手さんに聞きたいことがあるんですが」

「なんでしょう」

「実は、自分たちは死んでしまったのかどうか、わからないんです。さっきも居酒屋でいろんな人たちと飲んだり、話を聞いていたりしましたが、どうも様子が変なんです」

「何を言い出すんですか、お客さん」

「そんな私たちでも、家に送ってもらえるんでしょうか」

エッ、と思ってもう一度よく見ようと、一瞬目をしばたいた次の瞬間、彼らは跡形もなく消えてしまっていたのです。何かのいたずらではないかと思って、車を降りて周囲を見渡すと、ちょうど道ばたから彼らが見ていたほうに、津波で廃車になった車の置き場があったのです。

ああ、この中のどれかの車に乗っていて亡くなった方なんだな。そう思いました。そして、そんな彼らも、復興が気になるのか、復興酒場に集まって将来を語っているのかと思って、思わず手を合わせたのです。

もう一つ、タクシーの運転手から聞いた幽霊譚を載せました。

タクシーに特有の現象というよりも、霊魂が「帰るべき場所に帰りたい」と願った時、生きている時と同じように交通機関を使おうとしてしまうために、運転手たちと邂逅してしまうのかもしれません。

しかし震災のような、あまりに想定外の出来事が起こると、自分は本当に死んでしまったのかわからず、疑問を抱きながら「帰りたい」と願いつつ、この世にとどまっているケースも少なくないのでしょう。そんな「人たち」は、生前と同じように行動し、さまざまな人に話しかけたり、食べたり飲んだりもする。こちらの世界の人間にはそれと判別できなくても、彼らは生きている時と同じ感覚なのです。「タクシー」という「移動する密室」は、そうした状況で生者に問いかけたり、「自分自身を確認する場所」として、選ばれることがあるのかもしれません。

「タクシーの幽霊」のパターンで、もう一つポピュラーな噂話があります。病院の前でパジャマ姿のお客さんを乗せたタクシーの運転手は、その人の自宅と思しき場所の住所を聞き、運転を始めます。無口な乗客は、長距離の移動なので、会話に頷いたり相槌は打つのですが、笑うことはなく、お客さんから積極的に話しかけるようなこともありません。そうこうしているうち、言われた住所に到着すると、後ろの座席から人が消えている。気がつかないうちに降りたのかと思って、その家のチャイムを鳴らすと、別の人が出てくる。事情を話すと、「先日、その病院で私の子供が亡くなりまして、おそらくこの家に帰ってきたかったのでしょう」と言って、料金を払ってくれる。実は前にも何度か、同じようなことがあったと教えてくれる、というものです。

これが「病院からの送りタクシー」の話です。タクシーが到着すると、ちょうど本人の葬式をやっていた、などのバリエーションもあります。

この話の特徴は、運転中に会話をしていることと、目的地の自宅までの間は後部座席に乗っているということです。「幽霊トンネル」の話と違い、すぐに消えることはなく、「家に帰りたい」と言う。「自分が死んでしまった」と知っているかどうかはわかりませんが、どうも暗い様子です。でも、車内という密室で二人きりですから、さまざまな本音の話をする傾向があります。赤の他人であるタクシーの運転手に、自分にとっての重要な問題を聞いてみる。外に漏れないという安心から、そうしてみようという気になるのではないでしょうか。

今回の話の幽霊は、「自分は死んでいない」と思っている。そのために復興酒場にも通ってくるし、タクシーにも乗ろうとする。それも複数人で乗車するのです。逆にみんなで一緒に行動しているからこそ、一人で振り返って納得する機会を失い、かえって「生きているのか死んでいるのかわからない」状態がつづいているのかもしれません。彼らはタクシーの運転手とも自由に話せますし、それほど思いつめた様子もなく、普通に接してくるのです。本当に「死んでしまった」かどうか確認するために、タクシーに乗り、運転手との会話を試みたのでしょう。

東日本大震災の津波は、それだけ多くの人が「それとわからないまま、一瞬で命を奪われてしまった」大きな災害でした。

4 日常の老夫婦

福島県の内陸にある「嗜好品」に分類される大手飲料工場に勤務されている方に、震災からちょうど二年が過ぎたころ、お話を伺いに行きました。その中で、やや曖昧ではありますが、不思議な話があったので、加工せず、そのまま転記いたします。

震災後しばらく、サプライチェーンが寸断されたため、工場の操業をなかなか再開できず、被災地にある原材料の農産物の生産加工施設からの輸送が「少しでも早く再開する」よう、復興を手伝うため、内陸の工場から、従業員の多くがボランティアに出ていたということは、あまり知られていないかもしれません。

彼が行ったのは、福島県の沿岸部でした。この不思議な出来事のおかげで、原発事故の災禍も津波による破壊もなかったころの、平和で平穏な福島の日常を垣間見ることができたということです。工場勤務の後で、お疲れのところを伺った話です。

被災地も、震災から半年たつと、かなり落ち着いてきて、私たちの仕事も再開することができました。とはいえ、福島にいる私たちにとっては、震災や津波の被害だけでなく、原発事故の放射能の問題があって、なかなか収まりません。今でも終息してはいませんが、震災の年の夏は、かなりひどい状態で、先も見えず、知人にも自殺者が出たりしていました。

翌年になると、そんなことも言っていられない雰囲気になってきました。原子力発電所の事故は非常に憎いのですが、他方で、原発反対派が放射能の危険を強調するあまり、世界に発信してしまう結果、福島の風評被害がより大きなものになってしまっていると、冷静に考えるようになりました。

私たちの原材料の調達元は、線量の高い地域には入っていませんでしたが、それでもさまざまな影響がありました。福島県は地震・津波・放射能の三重苦で、それまでの在庫をさばいたり、今実っている農作物を売ることもできません。農業者は、二年も売れない状態が続けば、生活がたちゆかないのです。そこで、私たちは引き続き、集団で復興の手伝いに行くようにしていました。福島県には放射能汚染の問題があるため、がれきの片づけができていない地域があります。ボランティアには、ほかの仲間とバスで一緒に行っています。

バスは、内陸の私たちの町から、沿岸部へと走ります。そして夕方まで手伝いをして戻ってくる。加工施設の復興だけでなく、農作業も手伝いました。

沿岸部に行くと、ものの見事に何もない風景が続きます。津波の日から一年半もたっているのに、ここまで復興できていないことには驚きます。あの日から何も変わっていない感じがするのは、さすがに悲しい気分になります。完全な更地になってしまって、雑草だけが生えているところに、昔は人が住んでいたと思うと、何ともいえない、暗い気持ちになるのです。

そんなことを考えていた時、

「あれは?」

前に座っている人が斜め前を指さしました。

「何が」

「あそこに……」

前の人は、不思議そうな顔をしました。

「あれ、確かに人がいたような気がしたんだが……」

過去にも、このルートで走る時、人影を見ることがたまにありました。ボランティアや、津波で流された家族の思い出の品を探しに来た人が、雑草の陰から出てきて、驚かされることがあるのです。震災の少しあとには、幽霊の噂が盛んに流れていましたから、人影を心霊現象だと勘違いした経験もあります。しかし、さすがに震災後一年以上経過すると、そんな話も少なくなりました。それでもたまに、こうしたことが起こるのです。

次の時も、別の人が同じ場所で人影を見ました。しかし、マイクロバスの中の一人だけが、ススキの間に人らしきものが見えたように、錯覚したのだろうと考えたのです。

ところがしばらくすると、今度は、バスの右側に座っていた人のほとんどが、同時に人の姿を目撃したのです。その中の一人が、急に震えだしました。

「あ、あれは……」

一見すると、道を横断したいので待っているようにも見えました。老夫婦が手を取り合って、歩道で何かを待っているかのように立っていたのです。

「お知り合いですか」

「いや……ああ、そうか」

「どうしたんですか」

「あなたにも見えますか」

「はい、おじいさんとおばあさんが立っていますよね、仲良さそうに」

「実は前にも見たことがあるのですが、あのお二人は、実は亡くなっているそうです」

「えっ」

「昨年の津波で二人ともご遺体で見つかった、とても仲の良い夫婦で、いつも一緒にいたそうです。以前も見えたので、気になって地元の人に聞いたんです。たぶんこの場所で津波に巻き込まれたのでしょう」

「では、どうして……みなさん見えているみたいですが」

バスの中は「亡くなっている」という言葉で、ざわざわしはじめました。みな信じられないという声を上げていました。それほど老夫婦は実在するように見えていましたし、また、世に言う幽霊のおどろおどろしさはまったくない感じで「存在」していたのです。

「ちょうどあそこは、デイサービスの送迎車の待ち合わせ場所だったそうです」

「あんな、何もない場所が？」

「津波でほとんどなくなりましたが、あそこはあれでも、市街地の中だったんですよ。デイサービスの送迎車を降りて、津波に巻き込まれたのでしょう」

「他の人はどうしたのでしょうか」

「さあ、そこまではわかりませんが、あの夫婦はお互いの体調を気遣っていたそうですから、そのことが心残りで、あのように出てきているのではないでしょうか」

幽霊という感じが全然しない、不思議な光景でした。あの二人にとっては、あの日のまま、時間が止まっているのでしょう。

「突然の死」とは、どんな意味を持つのでしょうか。現象面だけを見れば、唯物主義の考え方に従って、「存在が消えたら、何も残らない」ということになるのでしょう。でも、日本人の死生観では、なかなか唯物主義を徹底することができません。多くの場合、「死んでも肉体が滅んでしまっただけで、魂は天国や、どこか平和な場所にいて、私たちをいつも見守っている」と考えるのではないでしょうか。

この、死者はどこかほかの場所にいるという感覚が、今でも「お盆」になると「先祖が帰ってくる」という慣習に残っているわけです。ただでさえ日本には、スポーツ選手が「応援が力になりました」とか、学校対抗の競技でも「気持ちを込めて応援すれば、より大きな力になる」とか、精神的な力が一種物理的な力を増す作用になると信じている国民性があります。たとえばスポーツで「結果」より「過程」を重視し、「頑張ったね」と褒めたり、負けても「惜敗」という表現をするなど、さまざまな場面で「精神」や「魂」をより高く、大きく評価しようとする性質を持っているのです。

そういう国民性ですから、「突然の死」を迎えても、「肉体が滅びただけ」であって、「魂」は少なくとも一定期間はそのままこの世に残っていると考えるのです。では、その魂にとって「時間の流れ」はどうなっているのでしょうか。自分が死んでしまったかどうかわからない、この世に心を残す霊にとって、時間はその場その時で「止まってしまった」ように感じるでしょう。時間が止まるということは、その場から移動できず、新しいことも起きないということです。「地縛霊」ともいわれますが、まさに「時間が止まっているから、その土地に縛り付けられて移動できないでいる」のではないでしょうか。「自分は死んだんだ」と自ら納得し、次のステージに行っていただければよいのですが、なかなか難しい事情もあるのでしょう。

さて、この話に出てきたご夫婦は、お二人とも、お互いのことを常に気にかけていた、仲の良いご夫婦だったそうです。ということは、リハビリが必要だったりして、あまり体調はよくなかったのかもしれません。いつものようにデイサービスのバスを降りた時に、不意に津波に巻き込まれてしまったのでしょうか。身体が悪いなら、たとえ早めに気がついたとしても、津波から逃げることは難しかったはずです。そのため「相手のことを気遣って」そのまま時間が止まってしまったのではないでしょうか。なんとも悲しい話で、でも最期まで二人一緒にいられたことはよかったのかもしれない、などと考えてしまいます。

相手のことを思う気持ちは、肉体と一緒に滅んでしまうものではないのかもしれません。自分も相手も、たとえ亡くなろうと「思いやる気持ち」だけは変わらない。互いに深く思い合っていたからこそ、お二人の霊が一緒に出てきて、目撃される、それだけ深い絆があったと言えるのではないでしょうか。

この話を聞いて、お二人はもう、次のステージに行かれたのではないか、そうであってほしいと、祈るような気持ちになりました。

5　山の怒り

東北の復興が進んでいます。当時の政権の考え方から、津波が来たところには住宅を作らないことになり、大きな堤防を建設し、山を崩して住宅地を拓き、海沿いの土地を何メートルもかさ上げしなければならなくなってしまいました。がれきの処理が終わり、広大な更地があるのに、そこに家を作って住むことができなくなったのです。毎日、大型のダンプが町の中を走り、山が崩されていきました。

「景色が変わってしまったなあ」

町の人々は、政府が決めたこととはいえ、景観が一変したことに、とまどいや不満がありました。工事の業者は、公共事業ですし被害が少なくなる仕事をしていると、非常に喜んでいました。工事関係で来ている人々には地元の人が少なく、仕事の少ない時期でも、永遠に続くのではないかと思われるような仕事の量で、ありがたいと思っていたのです。

「ごめんください」

そんな工事事務所に、ある日、地元の人と思われるおばあさんが入ってきました。

「はい、何か御用でしょうか」

「ちょっと、工事のことで伺いたくて」

おばあさんは、どこに向かって話していいかわからない雰囲気で、受付の横に立っていた。

「まあ、どうぞ、汚いところですが」

事務所の事務机が並んでいる横にある、四人掛けの来客用スペースに案内された。

「どういうご用件でしょうか」

「この後の工事について聞きたくて」

「はい、ではこれをご覧ください」

工事事務所の担当者は、おばあさんの前に地元の地図を広げた。地図には、山を切り崩す計画のところがピンクの蛍光ペンで印をつけられていた。

「政府の方針で、津波の水がついたところに住宅は立てられないのです。原則は高台移転、そうでなければ堤防と盛り土で災害に強い街づくりをすることになっています。」

担当者は、丁寧に計画を説明した。

「なるほど、その計画はいいのですが」

おばあさんは、素朴な話し方で説得を始めた。

「この山は、昔から地元の神が住んでいるといわれていてね、人が入ってはいけないんですよ」

「しかし」

「もちろん、山の麓は山の一部でも人間が使っていい場所ですよ。しかし、山の上のほう、神社の神様より上は侵してはならない場所なんですよ」

上品な物言いではあるが、十分に熱意が伝わる話しぶりで、ところどころ語気を強めて、おばあさんは言った。

「そう言われましても、政府が決めたことですし、あの神社には宮司がいないので調整できません」

工事事務所の担当者は、困ったように言うしかなかった。

「何とかなりませんか」

「ここは、物事を決める場所ではなく、決まったことを工事するだけなんですよ。できれば町役場かどこかに言っていただけるとありがたいのですが」

「それならば、そこで結論が出るまで、工事を止めることはできませんか」

なおも、おばあさんは必死に訴えます。

「残念ながら、このように工事計画まで出されているんです」

担当者は、本当に困った顔をしています。

「そうですか、仕方がありませんね。しかし、山の神はそれを決めた人ではなく、山に入った人に怒りをぶつけます。どうか、お気をつけて」

おばあさんは、そういうとすっと立って事務所を後にしました。担当者が見送ろうと思って外に出ましたが、その時には、おばあさんはどこにも見当たりませんでした。

おかしいなあ、と思いながら部屋に戻りました。ここは二階で、鉄製の階段なのに、それを降りる足音も聞こえなかったような気がするのです。担当者は「山を削らないでほしいという要望があった」とだけ日誌に書いておきました。

翌日、今度は中年の男性が現れました。少し日焼けしているのか、元から黒いのか、筋肉質の身体に日焼けした肌、いかにも海の男という感じです。

「相談があってきたんだが」

「はい、承ります」

昨日と同じ担当者が相手をしました。

「山を削っているそうだな」

「はい、防災に強い街づくりということで、高台に移転することになっていまして……」

担当者は昨日と同じ説明をしています。

「海は森で作られるんだ」

男性は、ひとこと言った。

「はい、おっしゃられることは重々承知しておりますが、なにぶん政府が決めたことでございまして」

「災害に強いというのもわかるが、海を汚したら、結局、人にとって悪い結果になるだろう。木を切り、森を壊すことはよいことではない。何とかならないのか」

昨日のおばあさんと同じだな。担当者は率直にそのように思いました。反対するわけではなく、工事業者が自主的に工事を中止したり、方針を変更するよう望む言い方をしている。

「そのように言われましても。ここは決められたことを行っているだけで、ここで計画の変更とかはできないんですよ」

「ならばどこに行ったらいいのだ」

「できれば東京に、少なくとも役場のほうに行っていただかないと。こちらも、契約して工事を請け負っているので」

「そうか。でも工事をしている者に災いが来るのだよ」

その男性も、昨日のおばあさんのようにすっと立って、扉を出るといきなりいなくなったのです。ただ、この時は、昨日も同じことがあったので、担当者はまったく気にしませんでした。

それからしばらくは何もなく、工事は粛々と進んでいました。

「今日は大変だったよ」

プレハブの二階に、現場監督が報告書を持ってきた。

「どうしました」

「いや、今日削るところに小さな祠の跡があって、どんなつくりなのかわからないが、なかなか壊れなくてねえ」

「壊したんですか」

おばあさんを相手にした担当者が、不安そうな顔をした。いやな予感がしたのだ。

「どうした」

「実はこんな苦情がありまして」

担当者は、おばあさんと中年男性のことを話した。現場監督は関西から来た人で、このあたりのことを何も知らなかったのです。関西の地元では少しやんちゃをしていたのか、神仏の祟りを信じるタイプではなかったようでした。

「そんなもん信じられるかよ。迷信深いばあさんの苦情だろ。そんなこと言ってるから工事が遅れて、住宅が作れなくなるんだよ」

「まあ、そうですが」

「迷信なんか信じて工事できるか。まあ、そんなに心配すんなよ、お疲れさん」

そう言い残すと、現場監督は帰っていった。

少し心配していたが、翌日の朝も、現場監督以下、全員が揃い、いつも通りに工事現場に向かっていったのである。

「大変だ。現場で事故」

いやな予感は、その日の午後に的中した。

山を崩している重機が横転し、それに巻き込まれてダンプも横転したのである。幸い、命を落とした人はいなかったが、しかし、巻き添えになった現場監督を含めて何人ものけが人を出した。工事はしばらく中止され、重機の設置の点検や安全対策などが再検討された。

しかし、その最中にもう一つ事件が起きた。今度は森を伐採している業者が、その切った木材の下敷きになってけがをすることがあった。今回も命を失う人はいなかったが、しかし、複数人のけが人が出たのだ。原因を究明して再発防止策ができるまで工事は中止となった。

「俺が悪かったんだ」

現場監督をお見舞いに行ったときに、そのようなことを言った。

「実は、あの事故の前、現場におばあさんが来たんだ。ああ、お前の言っていた人だなと思い、こんなところは危険だから来るなと言ってやったよ。ところが、おばあさんがいきなり怒り出して、大声を出したんだ。あとは全く分からなかった。そのまま倒れるはずがない重機が倒れてきて、気がついたらこのベットの上だよ」

「おばあさんが」

「ああ、あの重たい重機がぐらりと浮いて、そのまま落ちてきた感じだった」

「そのおばあさんはどうしました」

「それが、いないんだよ。消えたんだ」

現場監督は、折れた足や手を見ながら悲しそうな顔でそう言った。医者によれば、もう彼の足が動くことはないそうだ。

「昨日、そのおばあさんとおっさんがお見舞いに来たよ」

もっと大きな被害があると」

「今回は、手と足で許したが、このまま工事を続けて山を壊し、海を汚したら、もっと大きな被害があると」

「えっ」

本当に恐怖の目でそう言っていた。

「そう言って、目の前から消えていったんだ。あいつらは化け物だよ」

現場監督は、おばあさんが来ると毎日言って、徐々におかしくなっていきました。工事現場では、私の受けた苦情をもとに、神主などを呼び、御払いと「神様の遷移」の儀式を慌てて行いました。神主さんに事情を話し、病院にも立ち寄ってもらって、現場監督やほかのけが人のところで、御払いもしてもらいました。

工事は計画を大きく変更し、また、住民の申し出もあったことから堤防の高さなども低くして、樹木もなるべく切らず、海も汚さないようにしたのです。その結果、現場監督以外のけが人は嘘のように治りました。

しかし、「迷信なんて信じない」といった現場監督は、結局、正気を失ってしまい、そのまま関西の方に戻ってゆきました。のちに地元の人に聞くと、祠は、山の神を祀っていると伝えられていて、神主などではなく、地元の人全体で守っていたそうです。そのために、工事の計画の時に、住民がいくつもの避難所に分かれていたため、反対することができなかったということでした。

この話は、街の風景が一変してしまった岩手県陸前高田市で聞いたものです。開発され、人が住んでいた場所でも、どのような土地にも「禁忌(タブー)」はあります。その集落や地域には、必ず「禁忌」を犯さないように、様々な言い伝えが残っているのです。妖怪の話や幽霊の話を作り、その場所に近づかないようにしたり、禁忌を犯した人の没落の話を伝えることで、しきたりを守ってきたのです。

しかし「よそ者」、外部の人は、それを知る由もありません。この話に出てくるおばあさんと海の男は、本当に神様なのかどうかはわかりません。しかし、よその人が、その土地の「禁忌」を気にせず計画し、工事をしたということが発端で、何らかの怒りを買ったのです。もちろん、おばあさんと海の男は地元の実在の人で、事故なども偶然の産物だったかもしれません。

もっと普通の言い方をすると、「人間と自然はうまく共存すべきであり、人間だけの都合で自然を壊してはならない」ことを、この話は教えているのではないでしょうか。少し場所を変えるなどの工夫で共存できるのに、それを拒否したことに、天罰が下ったのかもしれません。

人間は、いつの間にかすべてを支配するような気になってしまい、自然との共存を放棄し、神々の禁忌を犯しているのではないでしょうか。

6　肉が食べたい

次の話は、東京で私の知り合いのフリーのカメラマンから聞いた、不思議なエピソードです。カメラマンが三人ほど集まった席で、「このような仕事をした」という話がたくさん出た中に、不思議な体験談があったそうです。私が行ったことのない場所で、目新しい経験をしたという土産話は、お土産そのものよりずっと面白いもので、この話もそうしたざっくばらんな会で私が伺ったものです。

私の友人の話です。彼はフリーのカメラマンをしています。あの震災のあと、取材で津波の被害状況を撮影するといって出かけました。

フリーカメラマンの世界はなかなか厳しいもので、よく一緒に飲んで、愚痴をこぼしあいますが、安全で確実な仕事は、各新聞社や雑誌社お抱えのカメラマンが撮ることが多く、フリーは、どうしても社員のカメラマンが行かないようなところで、きわどい写真を撮らなければ商売になりません。たとえば人が嫌がるところや、危険なところに行って、誰よりも近く、誰よりも鮮明な写真を撮らなければならない。

私の友人は、普段はグラビア撮影をしながら、突発的な事件や事故が起きると、現場取材の遊軍として派遣されるフリーカメラマンです。それだけに、私たちが普通に生活していては、とても体験できないようなところに行ったり、危険な目に遭うこともあります。

「戦場カメラマンが犠牲になるニュースがあるだろ。カメラマン自身の油断もあると思うけれども、やはり危険なところに行って、誰も撮ってこられないような写真をものにしたい、という気持ちもわかるんだよな」

友人はいつもそのようなことを言っていました。

そして震災後は、被災地の写真を撮るといって東北に出かけていきました。この時はどこかの週刊誌と契約して、良い写真があったら使う約束があったようです。意気揚々と出かけました。

ところが、被災地で十日間ほど滞在して帰ってくると、彼は何となく人が変わっていました。確かにこれまで見たこともないような、悲惨な光景を目の当たりにしたようで、現場の重みは違ったとくりかえし語りました。でも、過酷な現実を見せつけられた「精神的なショック」とは少々違うようです。

「なんだか、俺が俺でないみたいなんだ」

そんなことを言うのです。

友人の話によると、「ある津波の現場で、ちょうど横倒しになった家が、ほかの家と折り重なっている写真を撮った時だと思う。不意に、背中に重たいものがかぶさってきた感じがした」。

「重たいものが背中におおいかぶさってきて、急に頭がぼやけてきたんだ。撮影旅行に出る時は、いつもお守りを持っていくんだが、見てくれよ」

友人が取り出したお守りは、お守り袋の中央の部分だけ、黒く焦げたような跡がありました。ちょうど高熱を帯びたものに触れて焦げたような感じです。

「それから、なんだかすごく肉が食べたくなって。もう歳だし、普段はそんなことはないんだが、今なら五〇〇グラムとか一キロとか、たくさん食べられそうな気がした。あと、写真を撮る場所も、頭の中のもやもやしたものに、勝手に撮らされたような気がしたんだ」

今のカメラはデジタル高画質で大量のデータを記録できるようになっていて、昔のフィルムカメラの時代とは違い、たくさんの枚数が撮れます。それも連写でシャッターを押すため、どの写真を撮った時に背中が重たくなったかはわからないとのこと。一コマ一コマを細かく見ていけば、何かが写っていたりするのかもしれませんが、そうしたことは調べていないそうです。

「おまえ、何かにとり憑かれたんじゃないのか」

「まあ、肉が急に食べたくなっただけで、写真を撮るべきスポットも教えてくれるし、危険な目にも遭わないし、そのままにしてあるんだ」

豪快というか、普通ならばお守りが焦げていたり、もやもやする時点でお祓いに行ってもおかしくありませんが、彼はそうした心配もどこ吹く風で、肉を食べ、写真を週刊誌の編集部に納品すると、またすぐ東北に旅立ってしまいました。

「何しろいくつも県をまたいでの被害だし、福島はとくに、原発のことがあるから、まだまだ写真に残さなければならないものがたくさんあるんだ」

心配しましたが、やる気があり、頑張っている友人を止めるわけにもいきません。

「せめて新しいお守りを持って行けよ」

「そうするよ。過去にも交通事故の現場とかたくさん行っているから、大丈夫だと思うよ」

断続的に取材を続けていましたが、夏のお盆休みになると、急に連絡があり、彼が都内に戻っているというのです。

「いや、なんだか無性に花火が見たくなってな」

東日本大震災の直後、お祭りなどは自粛していたのですが、夏になると徐々に解除されていました。とりわけ、お盆の弔いの意味を込めた花火については、不謹慎というクレームも少なかったのか、いつもよりスケールを控えめにして、花火大会を開催したのです。友人は、その催しがあることを聞いて、わざわざ東北から帰ってきたのでした。

「また誰かに操られているということか」

「そうだと思う。花火を見なければいけない気がしたんだ。お前、付き合えよ」

「ああ、いいよ」

独身の男同士、翌日の夜の花火を見に行きました。確かに例年よりも、はるかに小規模でしたが、一瞬でもあの災害を忘れさせてくれるものだったような気がします。

打ち上げがクライマックスに達した時、友人がいきなり「あっ」と言って、その場に倒れてしまいました。他の人は花火に夢中ですし、また、人出も多く混雑する会場ですから、酒を飲み過ぎて気分が悪くなる人も多く、友人も酒の飲み過ぎだろうとの扱いでした。

屋外に設置された救護用のテントで横になっている彼が、ようやく落ち着いた様子になったので、声をかけると、

「信じるかどうかわからないけど、あの大きな花火が上がった瞬間、背中の重たいものが急にいなくなって、自分に戻った気がした。そうしたら、俺の普段の量からは考えられないくらい大量の酒を飲んでいたことに気づいて、一気に酔いが回ったんだな」

友人は、急にそんなことを言いだしたのです。

「何だ、照れているのか」

「まさか、お前に嘘なんか言わないよ。でもな、花火って、死者の魂を慰めたり、空に魂を帰す儀式だと聞いたことがある。多分、俺の背中にいた奴も、花火と一緒に成仏したんじゃないか。何か月も一緒にいたから、ちゃんと成仏してくれて何となく嬉しいよ」

当時のお祭りには自粛ムードが漂っていました。しかし、花火で成仏する幽霊もいるのです。お盆のお祭りには、霊を慰めるという意味も込められているわけですから、何でも自粛してしまうのは、違うような気もします。そういうことを改めて考えさせられました。

なお、背中が重たかった時期に撮影された友人の写真は、今までとタッチがまったく違っていて、複数の週刊誌で採用されました。心霊が写りこんでいるということではなく、重厚なタッチの写真だと評価され、何度も使われたのです。ところが、花火を見たあとの友人の写真は、昔の軽いタッチにすっかり戻ってしまいました。もしかすると、カメラマンとしては背中が重かったほうがよかったのかもしれません。

人間が魂だけになってしまっても、生きていたころの趣味嗜好や「欲」などはそのまま残るのでしょうか。この話にでてくる霊は、会話したり、祟りをなしたり、積極的な行動に出てくることはありませんでした。このカメラマンの身体を使って「自分の欲望」を満たしただけです。

魂にも「欲望」はあるのかもしれません。「身体を乗っ取る」という状態が行き過ぎてしまうと、「霊障」に近づきます。しかし、そこまでいかずに、「肉を食べたかった」とか「最後にあそこに行きたかった」というような「とり憑き方」があっても、おかしくないのかもしれないのです。

ある小説家が亡くなって、何年後かに、中途で絶筆となってしまった自分の小説の続きを、全然関係のない他人に書かせた、という怪異譚があります。他人の身体を使って、思いを強く残す人の魂が、自分の思いを遂げることは、意外と少なくないのかもしれません。「それさえできれば、あとは思い残すことはない」という状態が続く限り、納得して次のステージに行くことはできないからです。

この話でもう一つお伝えしたかったのが「花火で成仏してくれた」というポイントです。日本で花火大会が夏に行われる理由をさかのぼると、お線香と同じで、死者が迷わずに天に昇れるように打ち上げるということが、庶民の間で民間信仰的に考えられていたようです。現代では花火を見る理由を「きれいだから」などと考えている人も多いのかもしれませんが、隅田川の花火が毎年七月に行われるのも、お盆の行事の一つだからです。

東日本大震災後は、その花火大会を自粛してしまったケースもありました。祭りや花火という、日本で昔から行われている民間の習俗には、それぞれ意味があるのです。いつの間にか風物詩とか、観光の目玉という、生きている人の楽しみが主眼とされていますが、それだけではなく、「死者」を意識したものだったわけです。そういう元々の意味も知らずに中止したり自粛したりすると、復興も実感できず、かえって亡くなった人々の魂を迷わせる結果になってしまうかもしれません。

先人のことを本当に思いやるなら、お祭りも含めて、早く元の生活を取り戻すことが大事です。亡くなった人たちの多くも、そう望んでいるのではないでしょうか。

それを実感させる話を、岩手県の消防団関係者から聞きました。


震災の日、南三陸町で津波が迫っているのにずっと津波警報を流し続け、そして、町民に避難を呼びかけていた女性のことが話題になりました。彼女は、残念ながらなくなってしまいましたが、その声は、多くの人の記憶に残っています。しかし、被災地の町では南三陸町の女性だけではなく、当日津波が来ていることを皆に知らせ、そし一人でも多くの人にそのことを知らせるようにして命を落とした人が少なくありません。映像に残っていないだけで、隠れた英雄は少なくないのです。

この町では、あの津波の時、堤防の横にある半鐘を鳴らし続け、津波を知らせ続けた消防団員がいました。消防団は、献身的にお年寄りや体の不自由な人などを助けていた、そこに津波が襲って多くの消防団員が犠牲になったのです。

消防団員の誓いの中に「誰も見捨てない」というものがあり、その誓いを守った消防団は多くいたのでした。そして、街の多くの人は、その半鐘楼が津波によって引きちぎられるように倒され、そして、半鐘の音が水に溶けるように消えていったことを見て、皆涙して、何もできず見ているしかなかったのでした。

震災から五年経った日、消防団の分室の移転先ができました。まだ仮設の建物でしたので、鐘楼を立てるまでにはいかなかったのですが、消防団の監視所が設置されたのです。

設置から数週間たったある日、その監視所に私は来ていました。消防団は引き続き活動しています。消防団といっても専業ではありません。皆、他の仕事をしながらですから、復興の作業に消防団の任務と忙しくしていました。ふとした空き時間でも、消防団は、どうしてもここに来てしまいます。その日も仲間と連れ立って、ふらりと訪れました。

監視所はそこから海の方が開けているため、元の町があった場所がよく見えます。今は何もなく、ただずっと広大な土地が広がっています。震災までは、あそこに人々の生活があったのに、今は何もなくなっているのです。

「つい、ここから眺めてしまうんだよね」

友人の赤川は、缶ビールを持ってきていました。

「なんだ、気が利くじゃないか」

「ほしい頃だと思ったよ」

赤川は小さな缶ビールをカバンから取り出し、私は遠慮なく一本もらって口をつけました。心地よい刺激が喉の奥を潤します。

「君たちも来ていたのか」

「あっ」

私と赤川は声を失いました。そこには、消防団のおそろいの法被（はっぴ）を着た田中さんがいます。いや、本来であればいるはずの無い人です。何しろ田中さんは、あの日、半鐘を鳴らして津波が来ることを知らせながら一緒に流されてしまった人ですから、ここにいるはずがありません。我々消防団は、遺体を発見したのち、消防団の他の隊員とともに合同葬を行ったのです。

「驚くな、もう自分が死んでいることはわかっているよ」

「田中さん。それって」

「はっはっはっ」

田中さんは笑っています。その向こうの赤川にも田中さんが見えるのか、田中さんの笑い声にひきつった笑いを浮かべています。

「おい、赤川。俺が見えるんだろ。気が利かねえなあ、ビール開けてくれよ」

「は、はい」

赤川は、余裕なく、ビールの缶を空けた。

「田中先輩、の、飲めるんですか」

赤川は、ひきつった声で、やっとの思いで田中さんに声をかけた。

「バカ、死んだ人間が飲めるはずないだろう」

「ですよねえ」

「でもな、死んだ人間に酒とか供えるだろ。それくらい気を使え」

「はっ、はい」

赤川は、そっと田中さんの方にビールを差し出した。

「ところで、なんでこんなに何もないんだ」

田中さんは、夕日に照らし出された、何もない元の街並みを見て言いました。

「あそこ、あそこに鐘楼があった、あっちで、三浦と松さん、あの川沿いで、吉野のばあさんを助けながらヨウさんが死んだはずだ。鐘楼の上からみんなが波に巻き込まれてしまったのが見えていたんだ」

「そうなんですか」

私は何も言えませんでした。涙が出てきました。

「わかっているよ、君たちを責めたりはしない。君たちは消防団としてしっかり仕事をした。でもな、なんだこの町は」

「はい」

「俺たちは……俺や三浦や松さんや、みんな、こんなに何もなくすために死んだのか」

田中さんは、吐き出すように言いました。私も赤川も何も言えません。

「消防団は、人の命を救うのが役目だ。でも、それだけじゃなくて、町や人の生活を守るんじゃないのか」

「はい」

「ならどうして、いつまでたっても街が元に戻らないんだ」

私も、赤川も何も言うことができません。役場の人に何度説明を受けても、私たちも納得できないのです。いつまでたっても仮設住宅の暮らしなど、何をしているのかわかりません。

「おい、赤川、街を戻せ。元の通りにしろ。それが生きているお前らの役目じゃないか」

「は、はい」

赤川は、左手で涙を拭き、うなずきました。

「何かあれば、俺たちが協力するから。」

その時です。私たちの目の前に、昔の街並みが広がった気がしたのです。昔の鐘楼も、そして、街の中には様々な人が行き交い、楽しそうにしています。港には漁船が戻ってきていますし、沖には少し気の早い漁火が。震災前の町の雰囲気がそのまま映し出されたのです。

「お前らは、生きて家があるからいいが、俺たちは帰るところがないんだ」

「田中さん」

「他の奴も、みんなあそこに、ああやって昔のままいるんだよ。それ、わかれよな」

「はい」

田中さんは、ビールを飲む格好をして、そのまま薄くなってゆきました。怒った顔だったのが最後は笑顔になっていたと思います。そう信じたい。

その日の夜から、私と赤川は高熱が三日も続きました。身内には、夕方まで外でビールなんか飲んでいるからだと、かなり怒られましたが、他に原因があったような気がします。熱でうなされている間、田中さんだけではなく、他の消防団の仲間が次々に近くに来ていたような気がするのです。

その後、仮設住宅の人たちの意見をまとめ、そして、堤防の高さを引き下げ、住宅建設の規制を緩めて街の復興を速める運動を起こしました。その考え方は徐々に、街の人々の間に広がってきています。

街を復興させることは、私たちだけのためではなく、犠牲になった仲間のためでもある。もたもたしていると、仲間に怒られる。そう考えるようになり、街の人々の動きも変わっていったような気がします。

第三段　生きている人を引き込む霊

1　震災で「境界」が崩れた

怪異譚には、良い幽霊の不思議な話ばかりではなく、都市伝説などを含めて、「祟り」のような怖い話も多くあります。

人間が「怖い」と感じるのは「不安定」な状況です。とりわけ、あの世とこの世の境界線上が最も不安定とされ、怪談の舞台になります。完全に夜の世界になってしまえば、「怖い」ことを予め知っているわけですから、覚悟もできています。しかし、昼の明るい世界のつもりで、いつの間にか遅くなり、気がつけば日もとっぷりと暮れている。すると、夜とも昼とも違う世界が広がっていることに気づく。どこかに異界へと通じる口がぽっかりと空いているように思えるのです。

これは日本に限った話ではありません。アメリカのホラー映画で「トワイライトゾーン」というのがありました。欧米でも「ホラータイム」は「トワイライト」、つまり夕方であると考えていたわけです。

不安定な境界は他にもあります。たとえば「墓場」は、この世とあの世をつなぐ場所ですし、「河原」も、向こう岸とこちらとを分ける境界線です。昔の日本人は、妊娠中の女性を境界の存在だと考えていました。今では男女差別になりますが、女性は、「子供を産む」ことができ、新たな命をつくりだすことができるからです。現在のように医学が発展していない時代ですから、生物学的に卵子が受精して、というようなことはわかりません。そこで、昔の人は女性の身体の中に、新たな生命を産む「黄泉の国」につながる道があると考えたのです。ですから女性のほうが霊力は強いとされ、勘も鋭いとされていました。また、老人も、境界の存在とされ、あの世と交信できるとされていました。

幽霊譚の多くに「墓場」「水場」が登場するのは、そういう意味がありますし、女性の幽霊が多いのも、やはり昔からの考え方を反映しているのかもしれません。「不安定な存在」は、自らが不安定であることから、「安定した存在」になりたいと考えます。「そのためには、安定した他のものを手に入れよう」とする。元気で健康な人が霊界に引き込まれたり、そうした霊の要求に応えることができずにとり憑かれたり、嫉妬されて祟られたり、というのは、霊が「不安定な存在」であることから脱しようとして、とり憑くわけです。同時に、生きている人の側も精神的に不安定だと、霊にとり憑かれやすいとされます。

さて、東日本大震災は、そうした不安定な場所や、不安定な精神状態をたくさん作りだした災害という一面を持っています。今までは「河原」や「墓場」としてはっきり区分されていた不安定な場所が、津波に襲われたことによって、「街のあらゆる場所」に拡散してしまいました。多くの人が犠牲になったことで、「霊」も数多く発生してしまいます。

被災地で災害を経験し、生き延びた人も、ボランティアで来ている人も、そうした光景を見て「不安定な状態」になりがちです。従来の秩序が崩れ、いたるところに境界が発生した土地に生きていると、人は不安になってしまいます。

不安定な状態では、どうしても霊障が出やすくなります。霊魂が「自分の欲求や欲望に素直に行動する」だけで、祟るような悪意がなかったとしても、現代を生きている私たちにとっては、理解できないために、その存在自体を認めようとしないケースが少なくないのです。そういう扱いを受けて「さみしい」という思いを募らせると、「生きている人を引き込んでしまおう」と思うようになるのでしょうか。

ここでは、そんな話をご紹介したいと思います。

2　土手の上

以前も登場した、かつてマイカルが映画館を展開していた町の、隣町との境界となっている川が、今回の舞台です。この町で最も高いところの一つは、その川の堤防の上でした。そこに多くの人が避難してしまった。マイカル時代からの知人は私にそう教えてくれました。彼自身、まさか津波が来ても、その堤防を越えることはないと思っていたそうです。以下は彼の高校の同級生である警察官から直接聞いた話だと、今はイオンになってしまった、かつてのマイカルの店舗の中で、震災から二年後に伺いました。

県内でも最も壊滅的な被害を受けたこの場所も、夏になると、がれきもほとんど片づき、住宅地はほとんど更地になった。がれきは仮置き場に移しただけだが、それでも多くの人の目に「壊れてしまった町」の姿を晒すことがなくなり、気分はかなり違った。

これ以上、破壊の爪痕を見たくないという思いもあったが、それ以上に津波が来る前の、この町の姿を知っている人々に、思い出の街ががれきと化してしまったこと、自分たちの知っている姿ではなくなってしまったのを見るのも、その中で暮らし続けることもつらかった。それだけに、がれきが片づいて、何もなくなった町を見ると、ちょうど心に穴が空いたように感じたが、しかし、破壊された残骸を直視するより、町の人々はそれぞれ、思い出の中の最も美しかった街並みを思い浮かべながら過ごすようになっていた。

壊れた建物はみな撤去されたが、運よく残った樹木はなるべくそのままにしようとした。木は、そのまま残しておいても問題はないし、木があることによって昔の町の記憶とつなぐことができるからだ。岩手県陸前高田市気仙町の高田松原跡地に立つ「奇跡の一本松」などは、「残された木」の中でも最も有名なものだろう。木が残っていることで、私たちも自然と「昔に戻ろう」「津波に負けるな」という気持ちになる。

しかし、その「木」に思いが残ってしまう人もいる。

津波のあとの土手に、「五本の木」が残された。川沿いの堤防だった土手は、あの日、最後の瞬間まで町を守っていたが、ついに土手をはるかに越える高さの津波が押し寄せ、土手に沿って植えられた木々をなぎ倒していった。それでも、どういう偶然か、土手の上に五本だけ残ったのだ。

しかし、その五本の木からは、さまざまな物が見つかった。樹高をはるかに越える津波は、木々の枝にいくつもの「遺品」を残してしまったのだ。枝も少なくなった木々にいろいろな物体が絡まっている姿は、たとえは悪いが、時期はずれのクリスマスツリーの飾りのようだった。

がれきの整理が進むと、これらの「遺品」も片づけられた。「ご遺体の一部」

や「身につけられていたはずの服の一部」などもあった。津波の様子を、土手に上がって見ようとして巻き込まれた人、もっと上流で津波に巻き込まれたが、引き波でここに引っかかったなど、さまざまな事情があったように想像された。

それからしばらくすると、この五本の木の横に、人が立っているという噂が流れた。事情を知らない、他の土地から来たボランティアの中には、夜、そこに立っている人を見かけたと通報する人も出てきた。立っているのは一人や二人ではなく、いつも五〜六人がまとまって見える。いずれも木の下にいて、警察へ通報する理由は「首つりしている人がいる」ということだった。角度的に、浮いているように見えることがあり、人影が揺れていて、ちょうど木にぶら下がっているように感じるのだ。警察官はすぐ現場に急行するが、何もないことを確認するということが続き、いつしか現場では手を合わせ、お線香をあげるようになった。

その日の夕暮れにも通報があり、警察官が二人で駆けつけた。ベテランと若手の組み合わせである。ベテランの警察官は、いつも通り、手を合わせた。しかし、若手の警察官はそのまま木の上を見上げている。

「おい、君も手を合わせたらどうか」

しかし、若手の警察官は呆然と上を見上げているだけだった。

「どうした」

「見えないんですか、そこに何人か、木の上に」

若手の警察官はそのまま上を見上げていた。しかし、どう考えてもそこに人がわざわざ登るようなことはありえない。まったく何も見えないのである。

「私には見えないが」

「いや、あそこに。木に引っかかっているものを探しているのかな」

「おい！」

ベテランの警察官は、急に大声を出して、若い警察官の肩を叩いた。若手の警察官はびっくりしたように少し飛び上がると、ベテランの警察官のほうを向いた。

「まだ上にいるか」

今度は穏やかに、ベテランの警察官が言う。若い警察官がもう一度見上げると、そこには何の姿もなかった。

「あれっ、いません」

「多分、ここにあったものがその人にとって大事なものだったんだな」

「はい」

「それでは手を合わせて帰るか」

その日の警察の報告書には「通報あるも異常なし」と書かれたという。


警察官といえど、家族もいますし、人として生活しています。警察官だから特別な精神構造をしているわけではありません。

東日本大震災では多くの警察官や消防団員が、獅子奮迅の活躍をしました。自衛隊も十万人という大勢の隊員が被災地へと救援に向かい、ご遺体を収容し、復興に尽力しました。自衛隊員にも家族がいて、人としての感情もありますから、さまざまな状況のご遺体を見て精神の均衡を保つのが難しいこともあったでしょう。自らも被災し、当初は家族の安否がわからなかった自衛官もいたそうです。そちらが気にかかってしまっても、仕方のないことです。

当時、自衛隊を無計画に被災地に大量投入した政府には、批判もありました。自衛隊員は、日本人を守るのが仕事ですが、政権の道具にしてはならないからです。「戦闘ストレス反応」という心の病があります。戦争後遺症とか戦闘疲労とも言われ、あまりにも過酷な状況にさらされて心的外傷を受けると、その状況の記憶とその後の平穏な生活との間で心のバランスが崩れ、精神を病んでしまい、ひどい場合は自殺に至るケースもあります。「戦闘」「戦時」と名前がついているので、日本ではあまり関係がないように思われがちですが、実際に東日本大震災のような巨大災害の現場に立ち、「戦争と同じような破壊状態」で活躍した、自衛官や警察官、消防団員の中には、この心的外傷に悩まされている人がいると聞きます。自衛官や警察官などの心のケアも大切ではないでしょうか。

今回の話の警察官は、そこまで精神の均衡を失ってはいません。しかし、やはりさまざまな物が見えてしまうことには変わりがないのです。ありえないものが見え、目を奪われてしまう状態は、「心ここにあらず」という、心を奪われ、連れていかれてしまった状態にほかなりません。もし、そのままにしておいたらどうなっていたでしょうか。若い警察官は、そのうち取り殺されてしまったかもしれません。ベテランの警察官は、何も言いませんでしたが、そのことをわかっていたのではないでしょうか。だから、「不安定」になっていた彼の心を、大きな声を出すことによってこちらに引き戻したのです。

このように、わかってくれる人がそばにいれば、大事にはいたらないのかもしれません。

3 うめき声

多くの小学生が犠牲になった宮城県のある町には、大勢の女性ボランティアが集まりました。私の友人の女性も、わざわざ関西からボランティアに出かけて行き、そこで普段は保母さんをしている琴美さんと知り合ったそうです。掃除が得意だと言い、「私も何かの役に立てれば」と出かけて行った彼女が、ボランティアを終えて、東北から関西に帰る途中、東京に立ち寄ってもらい、他の友人も誘って「お疲れ様の会」を開いた時ですから、震災の年の八月中旬だったはずです。その会で「こんな経験をしたんです」と話していただいたのが、以下に紹介する怪談でした。なお、彼女とは後日、ふたたびお会いしてゆっくりお話を伺いましたが、どうもこれ以外にも、さまざまな不思議な体験をしていらっしゃるようです。

私がボランティアに行ったのは、宮城県東部の、県内でも有数の大きな市でした。学生だった私は夏休みに入るとすぐ、ボランティアに行くことにしました。東北に縁があったわけではありませんし、知り合いが東北で被災したということもありません。社会的な正義感のため、というわけでもなく、なんとなく「ノリ」で、行ってみようと思って東北を訪ねたのです。

東北では、私の想像をはるかに超える光景が広がっていました。そこにあるはずの街が、すべてなくなっていたのです。散乱したがれきはもう片づいていましたし、壊れて危険な建物も多くが更地になっていました。しかし、まだまだ手が足りなかったようで、ところどころに人が住まなくなった廃屋や、もう使われなくなった工場の建物が残されていました。「廃墟」というのは聞いたことがありますが、この場合は「廃墟街」とでもいうのでしょうか。ゲームでゾンビが出てくる「死の街」に来たような感じがしました。

私はすぐ、軽い気持ちでこのようなところに来てしまったことを後悔しました。もちろん人の役に立ちたいとは願っていますが、野次馬根性といわれても仕方ない、「今しか見ることができない」という思いもあったものですから、数か月前まで温かい家庭や活気あふれる職場があった場所、子供たちの笑顔があふれる学校があったのに、すべてが人の声の聞こえない廃墟になっている現実にうちのめされ、沈痛な気持ちになりました。

ボランティアのリーダーは、私のそうした表情を見て、当初割り当てられていた「がれきの選別」ではなく、「被害が軽度な家の復旧作業」に変更してくれました。津波で流されたがれきの山からの遺品の回収や選別は、まず自衛隊や消防団の人が行っており、選別された中で比較的安全と判断されたものが、ボランティアの担当でした。でも、感情的になってしまう可能性があったり、あるいは霊感が強かったりする人は、被害が比較的軽度だった、内陸寄りの家の復旧作業の担当になりました。

この仕事は、津波に襲われたけれども、建物の一部が水に浸かった程度で、建て直さなくても大丈夫な家の掃除や不用品の片づけをするものです。家がしばらく使えず、家具や家の中の物が多少流されたりした物的被害はあるものの、人的被害は少なく、またご遺体が見つかった場合も、水に浸かることはあまりなかったので、早めに荼毘に付されています。比較的簡単な仕事ということで、私たちに割り振られたのです。とはいえ、畳をあげて、壁から天井まですべて拭き上げなければならないし、家財や食器など、一つひとつ大事に洗わなければなりません。家具の運び出しもあり、かなりの重労働でした。

私は、ボランティアを始めてすぐ、琴美さんという女性と仲良くなりました。私を含めて軽度被害の家の復旧にあたったのは女性です。とくに琴美さんは霊感が強いようで、私も占っていただきましたし、家の中にある品物が、その家にもともとあった物ではなく、流されてきたのだと当てたりしていました。

ボランティアの仕事は順調でしたが、私たちはしだいに、夜が来るのが怖くなっていきました。ボランティアは班分けされて行動していました。女性の宿泊所は、大学の体育館を指定され、まとまって寝ていました。問題はその宿泊所ですごす夜です。

夏になり、体育館は被災者の避難所ではなくなっていました。お風呂やトイレなどは、大学の施設ですからシャワー室もありますし、ある程度快適でした。しかし、そこは沿岸部ではないものの、津波の被害を受け、震災直後は敷地内にもたくさんのご遺体や遺品があったといわれました。それだけに、夜になると、うめき声や苦しいという声、悲鳴などが聞こえるのです。また、幽霊を見たという人も珍しくありませんでした。とりわけ琴美さんのように霊感の強い人には、声だけではなく姿が見えたり、寝ている間に肩を叩かれたりすると言っていました。

そしてあの日がやってきたのです。八月十一日の夜でした。私は東北に来たのが初めてだったので、この年の夏がいつもより暑かったかどうかはわかりません。少なくとも関西の夏よりは、はるかにすごしやすい気候だったと思います。しかし、私たちにとっては、寝苦しい夜が続きました。琴美さんによれば、霊感の強い人と一緒にいると、そうでない普通の人も、いつの間にか共鳴してしまい、見えるようになったり聞こえるようになったりするというのです。私たち、大学の体育館にいる人すべてが、いつの間にか霊感が強くなっていたように感じました。毎日続くうめき声には次第に無関心になっていったほどです。

そんな中で決定的な出来事が起きました。

その日は、いつもより暑苦しくて、寝苦しい夜でした。連日のボランティアの重労働で疲れ切った私たちは、早めに寝てしまいます。はじめのうちは仲間同士で話をしたりもしましたが、最近ではお風呂やシャワーの後、すぐ寝てしまうようになっていました。しかし、その夜は私をはじめ、多くの人が寝付けなかったようです。夜中になると、急に寒くなりました。なぜか真冬のようにキーンと冷えた空気が、塊となって体育館の中に入り込んできたように感じました。

「うううううううう」

突然、琴美さんが胸を押さえて苦しみだしたのです。心臓発作かと思うような痛がりようで、私など、どうしていいかわかりません。慌てて起きようとしたのですが、なぜか動けないのです。私は金縛りにあったようでした。私は今まで金縛りにあった経験がないので、本当にそうなのかわかりませんが、目の前で苦しんでいる琴美さんに、何もしてあげることができない。それどころか、指一本さえ動かせないのです。動くのは目だけ。あとは声を上げることもできなくなっていました。

「琴美さん。大丈夫ですか」

私以外の動ける人が声をかけ、冷たい水を持ってきたり、苦しみながら胸を押さえ、横向きになっている琴美さんの背中をさすったりしていました。その琴美さんが突然起き上がり、頭をかきむしって叫びだしたのです。

「苦しい……苦しい……」

地の底から響いてくるような声、というよりは音でした。

「琴美さん」

水を持ってきた人は悲鳴を上げて、一歩退いてしまいました。背中をさすっていた女性も驚いて、その場で固まったようになっていました。私は見ているだけです。

「ここはどこだ……まだ水の中にいるのか」

普段の琴美さんからは似ても似つかない低い声が、体育館の中に響いたのです。

「俺は、どこにいるんだ。家に帰らなければならない。誰か帰してくれ。町がなくなってしまった。私の家はどこだ？」

「琴美さん」

「誰だ……」

その声を聴いて、みんな後ずさりしてしまったようです。私は一生懸命に声を出そうとして、もがきました。そして、やっと指先が動いたと思ったら、一気に声が出ました。

「琴美さん、戻ってきて」

私の、それまでは声にならなかった叫びが、一気に体育館に響きわたりました。そのまま私は琴美さんに抱きつきました。

「何だ……」

琴美さんは最後にその声を発すると、がっくりと力が抜けました。そして静かな寝息を立てて寝入ってしまったのです。

あとから琴美さんに聞いてみると、夜中に何かが背中から入ってくる感じがして、そのまま気を失っていたというのです。それでも、遠くで自分を呼ぶ声が聞こえたような気がすると、急に気持ちよくなって寝てしまったそうです。

霊感が強い自分の身体を使って、家に帰りたいという望みをかなえようとしたのではないかと思う、とも言っていました。お盆の時期だし、ちょうど十一日で祥月命日になるので、帰ろうと思ったのではないかとのことでした。

私はその事件があってすぐ、ボランティアをやめました。琴美さんとは今でも連絡を取り合っています。でもあの時の話をすることはありません。

「憑依」という言葉があります。「霊などが乗り移ること」と定義されていますが、もとはspirit possessionという英語の翻訳語として作られた言葉だとされます。日本では古くは神降ろし・神懸りなどといい、場合によっては「狐憑き」などという言い方もしました。

「狐憑き」の例は古く、『今昔物語』本朝附霊鬼部巻二十七第四十の中には「物託の女に物託て云く、己は狐也。祟を成しに来れるに非ず。只、此る所には自ら食物散ろふ物ぞかしと思て、指臨き侍るを、此く被召籠て侍る也」(私は狐の霊です。祟りをなすために来たのではありません。ただ、こんな所には食べ物がきっとあるだろうと思って覗いていたら、このように閉じ込められてしまったのです)という話が載っています。

日本では、狐は霊力の強い動物とされており、狐が人にとり憑いて、狐の姿のままではできないことをしようとしたり、自分のやりたかったことを人間にやらせたりする、そうした状況が「狐憑き」とされます。憑依された人は、それまでの人格とは違って、人が変わったようになり、トランス状態になることもあります。

狐に限らず、霊というものは、霊能力が強く、波長が合う人に憑依するものだといいます。つまりは、霊との力比べに負けてしまうと、身体を乗っ取られてしまうということです。相手は狐ばかりとは限りません。「自分の思い通りに動く肉体」を欲しがっている霊は多いのではないでしょうか。この世では、魂だけでは不足で、肉体があってこそいろいろなことができる。そうなった時に、自分に適合した身体にとり憑くわけです。

この話に出てくる琴美さんは、まさに「霊」と波長が合いやすい人なのだと思われます。霊感の強い人は霊と波長が合いやすく、霊との距離が近くなります。ボランティアなどで慣れない土地に行って、普段と違う仕事をして、体力や精神力が多少なりとも弱くなっていると、どうしてもとり憑かれてしまうことが増えるのではないでしょうか。

この話に出てくる憑依霊は「帰りたい」と言っていたそうですから、「帰ることができない霊が、琴美さんの身体を借りた」という感じがします。

では、憑依霊には、どのように対処したらよいのでしょうか。まずは、本人がしっかり正気を失わないことが重要でしょう。そしてもう一つは、親しい人の声がけで呼び戻すということではないでしょうか。憑依した霊よりも強い力で呼びかけることで、追い出すことができるわけです。

しかし、単純に、追い出してしまうだけでよかったのかとも思います。もちろん琴美さんの身になってみれば、憑依されているのは異常な状態ですし、そのままとり憑かれつづけていたら、よくないこともきっと起きたでしょう。でも「帰りたい」という心は、生きている人も亡くなった人も、同じではないでしょうか。憑依をあきらめてもらい、とり憑かれる人を減らすには、前述した「帰るべき場所」に帰り、そして次のステージに行っていただくように、生きている側がさらに努力するしかありません。

4　夜になると、亡者の村人が現れる村

次の話は、福島県のやや内陸部に位置する、県下でも経済の中心といわれる市の役所に勤める、私の後輩から聞いた話です。その市にも多くの仮設住宅ができ、当時の皇太子殿下や雅子妃殿下が慰問に訪れたことでも知られています。その彼の同僚が「復興にかかわる道路開発」として調査に行った時に、過去にこうした事件があった村だから気をつけるようにと言われた話だと、先輩に教えてもらいました。しかし、その同僚は「本当なのか」と疑い、該当地区を管轄する駐在所に行って、確認したそうです。私もさっそく、後輩から同僚の方を紹介してもらい、その方が話を聞いた駐在さんにも話を聞きに行きました。なお、写真は印刷されたものを見せられて、言うとおりの画像がしっかり写っていたのですが、駐在所の初老の巡査は「他の写真が混ざったのだろう」と断定していたことが印象的でした。

民俗学的な観点からすると、オカルト的な、恐怖を伴う言い伝えというのは、村の禁忌を後世に伝える手段として、口承伝承の形をとることが多い。しかし、近年、過疎のため「廃村」になったケースでは、そのような教訓的な禁忌が口伝で残らなかった代わりに、幽霊現象で人を寄せ付けないようになることがある。そこでは、オカルト的な現象がデフォルメされ、現代でいう都市伝説となって残るようになる。

福島県の、とある廃村のことだ。この村は、高度経済成長期の終わりとともに、過疎化が進み、徐々に人がいなくなった。いつの間にか人影が消え、訪れる人もいなくなったということだった。

ある時、その集落に入りこんだ人がいた。近くに産業廃棄物の処分場をつくるために、新たな開発を行うのを目的に、開発会社の人々が行政の人とともに視察にきたのである。木々の間を通る舗装されていない道路を抜けると、突然、開けた場所に出て、のどかな田園風景と数軒の古い家があったという。なぜここが廃村といわれるのかわからないほどの、よくある田舎の農村の風景であった。

唯一違うのは、村人が誰も見当たらないことだった。しかし、廃村にありがちな廃墟もなく、田畑も誰かが手入れをつづけているようで、雑草も生えていなかった。

視察に来た三人は、誰か住んでいる人がいるのではないかと思い、建物すべてを訪ねて回ったが、誰も出てこない。結局、誰とも会えないまま、夕方近くになってしまった。帰ろうとして車に乗り、元の道を戻るのだが、少し走って、気がつくと前と同じ場所に出てしまう。これが何度も続き、車中では道に迷ったと思い、「怪談話みたいですね」との冗談も聞かれた。

何回目か、やはり道を戻ってしまい、再び村に入ると、日が沈みかけていた。その時になってはじめて、人がいるのが見えた。

「すみません」

「はいはい」お婆さんは、畑作業の手を止めて答えた。

「ここから国道のほうに出たいのですが」

「ああ、狐か何かにやられなすったね。とりあえず家に入られたらどうかね。あとでバス停まで送るから」

三人は、仕方なく家に案内されるまま、ついて行った。家は老夫婦と思われる二人暮らしで、お茶を出してくれた。しかし、開発会社の人の携帯電話が鳴り、急用でどうしても先に帰らなければならなくなった。彼は一人で車に乗り込むと、あとでバス停に迎えに来るといって、今度は何とか会社に戻ることができた。しかし、いつまでたっても行政の職員からの連絡はなく、バス停まで戻ってみても、誰もいなかった。

心配になった開発会社の社員は、翌朝、会社の人間を伴って再びその村に行ってみると、やはり誰もいない。そして、老夫婦がいた家に行くと、行政の職員二人の首つり死体が発見された。うち一人の視察メモには、「村人がみな集まって、これからお祭りに行く」と書きつけてあり、携帯電話には、何人もの村人が写っている画像が残されていたが、しかし村内には誰も人がいなかった。警察が来て調べても、自殺の原因も不明で、また村人の姿も見つからず、どうしてこんなことになったのか、わからなかった。

「この地区は前にもあったんだよね」

警官はそういうと、職員の携帯電話にあった写真と、分厚いファイルの前のほうのページをめくって見比べるよう促した。そこには「自殺」と書かれている数年前の「被害者」の写真があったが、携帯電話には、その人が他の人と一緒に、楽しそうに酒を飲んでいる姿が写っていたのである。

初老の巡査はそれを確かめると、「自殺」と報告書に書き込んでいた。

この話は、福島県のある村で起きたとされる出来事です。福島は、津波の被災地である沿岸部だけでなく、福島第一原発の事故の影響で、内陸部の一部地域にも避難勧告が出され、多くの人がその土地を離れねばならない事態になりました。中には、線量が高いのは一部だけで、多くの土地は安全なのに避難勧告が出たり、自主的に避難をしてしまったような集落もいくつかあります。

無人となった集落に、道路建設や震災がれきの処分場、さらに近年では原発事故の除染作業で出た廃棄物の一時保管場所の候補として調査が入ることがあり、そこで、今回のような事件に発展してしまうケースがあるというのです。

ある意味で、この話のポイントは「地図から消えた村」ということではないでしょうか。ここに書いたような自殺事件は、実は震災以前からあったと噂されていました。村の先祖の霊たちが、廃村になっても一生懸命その集落を護っている、さみしい現状が見えてきてしまいます。

東日本大震災では、被害の大きさや、今後の災害対策が大きな問題になりました。また福島の事故の影響で、原子力発電所の是非も主な論点となりました。しかし、それ以上に、「東北における過疎化と高齢化」ということが、実は非常に大きな問題として、注目されねばならなかったのではないでしょうか。この福島の「地図から消えた村」も、老人ばかりで若い人がいなくなり、ついに廃村となってしまったそうです。福島にはさらに、原発事故のせいで、人が住めなくなる集落が続出したという、悲しい現実がありました。そうしたさびしすぎる事情が、「怪談」を生み、噂でもいいから、どうにかして人々の記憶に留めようとする、私たちの社会の見えないメカニズムが働いているように感じるのです。

村人の輪の中に入って、「祭り」に参加した「自殺者」の写真は、実に楽しそうでした。楽しげに酒を飲む写真を撮影したあと、首をつって自殺しているのを発見されるという、ある意味、矛盾した結論になっています。廃村の霊は、訪れるよそ者を歓迎しながらも、村を壊しかねない開発には抵抗しているのかもしれません。

いずれにせよ、村の先祖と、開発の調査に来た視察の人々、村を放棄せざるをえなかった村人と、どの立場も理解できるだけに、どうしてこんなことになってしまったのかという、やりきれない思いが残ります。

東日本大震災は、災害対策だけでなく、人口集中や高齢化、そして、開発計画と村を守ろうとする祖先の霊たちの間で、うまく調整がつかない、現代日本の姿を浮き彫りにしたのではないでしょうか。そういう事情が、このような怪談が語られる背景にあるのではないか、と思えるのです。

もともとその土地の人間ではない私たちには、これ以上、想像の範囲を広げることはできません。「自殺」と書いた事件ファイルを持った、年老いた警察官が、最もいろいろなことを知っている人なのかもしれません。そうした地元をよく知る人の意見を聞いて、東北の過疎の問題に取り組んでほしい、と考えさせられたのでした。

5　帰宅困難区域の光の玉

震災の復興が進むにつれ、多くの地域が姿を変えています。しかし、震災直後と全く変わっていないところがあります。福島県の一部地域です。家や建物の中、私有地は手つかずで「あの時のまま」時間が留まっているのです。

この話を聞かせてくれた河野さんは、福島県の中通りの市内に避難していた方で、その避難先でお話を伺うことができました。

「帰宅困難区域」という言葉があります。実際には「困難」ではなく「政府が禁止している」ため、自分の家が地震の被害がなくても片づけのために帰れず、道の真ん中に、柵ができて入れない状態です。

放射能の危険性、除染の済んだ所からというような安全を考えてのことであるのは十分に理解しても、感情的には自分の家があるのに戻れないのは、非常におかしな話ですし、また、行くのを止められるのも納得がいきません。

原子力発電所の事故のせいで、地震の被害も、津波の被害もあったのに復旧できないのです。他の地域は再開発が進み、崩れた家やがれきも、家や店の中のごみも全て処分されているのですが、この地区だけは「人が入ると危険」ということで、片付けることもできないままです。もちろん、被害に遭ったご遺体などは、捜索されましたが、その人々との思い出の品を取りに行くことも、遺品を探しに行くこともできません。

震災後すぐは、何が起きたかわからず、それでも徐々に問題が明らかになり、帰宅困難区域が設定され、帰れない日々が今も続いているのです。四年後以降、昼間に限って一部帰宅が許されるようになりましたが、防護服に身を包み、時間も限られての帰宅。もちろん、そうなるまでに除染や道路の片付けに、さまざまな人の努力があったこともわかります。しかし、地元の人がやったことではなく、きれいになったけれども、何かが違うのです。

「こんなになってしまった」

河野さんは、変わり果てた自分の家を見て、そう思いました。一階は津波が直撃したためか、壁の途中まで色が変わっています。しかし、三陸の津波のような勢いのあるものではなく、このあたりは平地が広くスピードも緩やかな津波でしたから、泥をかぶったと言った方が正しいかもしれません。そして、地震が大きかったために、棚やタンスから物が落ち、そして、様々なものが倒れていました。泥の中からも細々したものが見つかりました。

ほかの地域はすでに、がれきの処理が終わり、壊れた家も取り除かれて更地になっているにもかかわらず、福島だけは、まだこのような状態で、当時のまま残っているのです。

無力感に襲われます。もちろん原子力発電所の事故が悪いのです。それでもほかに道はなかったのでしょうか。河野さんは、仲間とともに涙を流しました。道路は皆さんがきれいにしていただいても家の中までは何もできていませんし、また、庭や駐車場は、雑草が生い茂って中に入れる状態ではありません。

しかし、そんなことを言っていても何も解決しません。まずは家に入る道を作り、そして、家の中を片付ける。来てもらった仲間は同じ地区の友人で、その日のうちに彼らの家にも行かなければなりません。

「さあ、やろうか」

なんだか気が重いけれど、片付けていると、思い出の品が次々出てきます。放射能のチリがついているので、基本的に持ち帰ることはできませんが、それでも先祖の位牌や、亡くなった家族の写真などは特例で持ち帰ることができます。

そのような「思い出」を、友人もそれぞれ一つ一つカバンの中に詰めて、その日は自宅を後にすることになりました。

「あれは誰だ」

集合場所にあるバスに向かう途中、一緒に来ていた山本さんが突然、後ろのほうに向き直りました。

「何も見えないぞ」

もう一人の仲間である川村さんが山本さんの肩をつかみます。河野さんが見ると、山本さんの指さす方向に、確かに何かが動くような感じがします。しかし、今来ている「人」は、すべて白い防護服を着ているはずですから、人ならば白い塊が動いているはずです。しかし、そこで動いているのは違う色、どうも青い感じがします。

「でも、呼ばれただろ」

「いや、何も聞こえないけど」

「おかしい、見に行こう」

そんなに遠くないことと、まだ少し集合時間までに時間が残っていたことから、我々三人は、その方向に見に行くことにしたのです。

「あれは」

河野さんは、声を上げました。そこには光の玉しか見えません。「火の玉」ではなく、普通に光の玉、ちょうど少し暗めの電球が浮いているような感じであったと河野さんは記憶しています。それが数個、そこに浮いているのです。

「……」

山本さんは、その光の玉に向かって話をしています。

「おい、山本、だれに話しているんだ」

川村さんは、山本さんの肩を叩きました。しかし、山本さんから返ってきた言葉は意外なものでした。

「何を言ってんだ、川村。森田や中山が見えないのか」

「山本、森田も中山もあの津波で……」

「そんなことはない、ここにいるじゃないか」

山本さんは、いきなりマスクを外し、防護服を脱ごうとしています。

「山本、危ないって」

「でも、森田も中山も何もつけてなくて、あんなに楽しそうじゃないか」

山本さんは、そのまま服を脱ぎ続けます。

「なんで、俺たちだけ昔のままで、誰もいないのかって怒っているぞ。そうだろ、今度は俺がいるから大丈夫だよ」

山本さんは、だれかと肩を組んでいるようなそぶりをしています。

「おい、山本」

「大丈夫か、川村、だれか呼んできてくれ」

川村さんは慌てて、集合場所の方に走ってゆきました。

「ほら、川村がだれか呼んできてくれるぞ」

「山本、しっかりしろ」

河野さんは、必死に呼び続けます。その時、河野さんの肩をポンと叩く人がいました。

「河野、俺たちが見えないのか」

しかし、河野さんには何も見えません。いや、正確に言うと、視界の端に人影が見えるのです。声は、確かに中山のようです。しかし、その姿は見えず、河野さんの前に来ると光の玉でしかないのです。

「光しか見えない。出てきてくれ」

「いや、河野、君はまだなんだな」

山本さんは、向こうで喜んでいます。河野さんは全身に鳥肌が立ってブルブル震えがきました。そこに、川村さんが応援を呼んできてくれたのです。

「大丈夫ですか」

役場の人や警察の人が慌てて山本さんに防護服を着せかけ、そして連れてゆきました。

「何をするんだ、森田や中山も一緒に……」

山本さんは、そのまま連れていかれました。川村さんと河野さんは、無意識に光の玉に向かって頭を下げると、集合場所に急いだのです。

翌日から、山本さんの様子が変になりました。時々、意識がここにないような感じになったのです。そして記憶もなければ、触っても全く反応しない。つまり、意識が完全に失われた感じになったのです。

「いや、中山が怒ってるんだよ。誰も来ないって」

「森田が呼んでるんだ。今日は町で催しがあるらしい」

山本さんは、その約一か月後、急に高熱を出してそのまま息を引き取ってしまったのです。山本さんの死を放射能の影響だと言う人もいましたが、それなら急な高熱などは出ませんし、また、意識を失ったり、とぎれとぎれになることもなかったのではと思います。山本さんは、きっと、寂しがっている森田と中山に連れていかれてしまったのではないでしょうか。たぶん今でも、あの町で光の玉になって遊んでいるはずです。

河野さんは、まだ気になっているのです。「いや、河野、君はまだなんだな」という言葉。いつか河野さんの順番が来るのではないか、と。

第四幕

見守っています

第一段　死者を祀る

1　鎮守の神様

♪村の鎮守の神様の
今日はめでたい御祭日
ドンドンヒャララ　ドンヒャララ

童謡「村祭り」の一節です。
この歌で歌われている「鎮守の神様」というのは、特定の建造物や、一定区域の土地を守護するために祀られた神様のことを指します。たとえば古代ギリシアで「ポリス」といわれる「国」単位の集団があり、その中心に神殿があったことが知られています。中国では「伽藍神」という、寺の「伽藍」を守る守護神が存在し、それによって寺の聖域が守られるという考え方がありました。昔の日本でも同様に、村落や町や地域の境界内を守る「鎮守の神様」という存在がいて、守られている地域の人は、その神様をお祭りすることで、その年の豊作や地域の安全を神様に保証してもらう風習があったわけです。

日本には、現在でも多くの神様が、各地の神社に祀られていますが、それにはいくつもの種類があります。一つ目は、神話に起源を持つ神様です。日本の神話である古事記・日本書紀に登場する神々ゆかりの土地に本社があり、その本社の分社、または分祀された形で、各地の神社に祀られるようになったものです。

もう一つは、地元の神様です。日本は「八百万の神」というように、さまざまな神様が森羅万象すべてについて祀られています。各地の神社では、神話に出てくる神様を主祭神として、他の祭神と「合祀」されていることが多いのですが、この、複数の神様が祀られている中に、地元由来の、その土地固有の神様がいるわけです。

神社以外でも「道祖神」や「山の神」など、地元の神様を祀る風習があります。主祭神は日本全国にいますので、そちらよりも、地元固有の神様に、地元のことについてはお祈りする風習があって、独特の祭りのシキタリが現在まで生きています。同じ神様なのに、お祭りの方法が異なることがあるのは、こうした事情からです。

そして三つ目に、日本以外ではあまり見られない神様がいます。「人が死後、神様になる」ということです。日本人には、「不遇な死に方をした人」「不慮の事故に遭って死んだ人」「祟りをなした人」など、その人の一生が順調に行っていればありえない亡くなり方をした人を、神として祀る風習があります。「不遇な死」「不慮の事故」に遭った人を祀ることによって、その人の生前の功績をたたえ、その能力にあやかるということ、さらに、そうした事故から後に続く私たちを守ってもらいたい、という意識があるのです。

2　人が祀られる日本の神の系譜

たとえば前にも触れた、天満宮で有名な菅原道真は、讒言によって左大臣の地位から大宰府に左遷されてしまい、失意のうちに不遇の死を遂げました。道真は怨霊となって、平安京に祟りをなしたとされます。朝廷は道真に詫び、名誉を回復したうえ、神として祀ります。このことによって、祟りを鎮めるだけでなく、「人を祟る」という強い力を逆転させ、「人を助ける優れた能力」に変えようとするのです。菅原道真は勉学に優れていたことから、天満宮は受験の神様、勉強の神様として、現在でも、全国の受験生の崇敬を集めています。

同様に、祟りをなし、強い怨霊として有名になった平将門は、神田明神に祭られることによって、その力を急激に拡大した功績を称えられ、神田や日本橋、魚河岸など江戸・東京の発展と繁栄を見守る神様として、現在でも親しまれています。

「怨霊」でなくても、非業の死を遂げた人々を祀る風習もあります。そのもっとも象徴的な例が、靖国神社です。日本の場合、「無名戦士の墓」のように、墓として慰霊するだけでなく、靖国神社にお祀りすることによって、「戦争という死から守る」こと、すなわち「平和を守る神」として、靖国神社に参拝する習慣があるのです。世界にはあまり理解されていないかもしれませんが、靖国神社で戦勝を祈願することは、基本的に日本の「死者を神様として祀る」という考え方とは違うのかもしれません。坂本龍馬なども靖国神社に祀られていることを考えれば、日本という国の平和的持続のために参拝する、という解釈が可能です。

それ以外にも、何か大きな事故があれば「慰霊碑」が必ず建てられます。慰霊することによって犠牲になった方の冥福を祈るとともに、災害からの鎮守を願うという形になっています。慰霊碑を建立することで災害を忘れず、その教訓を守り伝えるよう意識づけると同時に、亡くなった方を神として、災害がふたたび起きないよう、その土地や人命を守ってくださいと、お祈りするわけです。

3　遠野物語で守り神になった人間と馬

では、東北の民話の中に、そうやって人々を守ってくれる神様はいるでしょうか。

岩手県遠野の民話で、最も有名なものの一つに、「オシラサマ」の伝説があります。

遠野の民話の里に行くと、囲炉裏端で語ってくれる中に、この話がよくとりあげられる、有名な話です。東北では現在も「オシラサマ」信仰が残っており、オシラサマに願い事の布をかけたり、願い事を書いたりした経験を持つ方もいらっしゃるのではないでしょうか。

「オシラサマ」とは、だいたい以下のような話です。

昔、東北地方のある村に、父と母と美しい娘がいた。この家には若く立派な牡の馬がいた。娘は、小さいころからこの牡馬が好きで、一緒に遊んだり、馬小屋で寝ることもあった。両親は、子供のことだと、とりたてて娘をとがめなかった。しかし、娘は年頃になってもその馬から離れようとせず、常に一緒にすごしていた。父が娘に、誰かと結婚しないのかと聞いたところ、娘は馬と結婚すると言い出したのである。驚き、怒った父は、翌日、娘が山に行っている間に、馬を庭の桑の木につるして殺し、皮を剥いでしまった。山から帰ってきて、殺された馬を見た娘は、ひたすら泣いて詫びた。すると、その馬の皮が飛んできて、娘を抱えると、一緒に天に昇ってしまった。それを見ていた父と母は泣き出し、その後もずっと、桑の木の前で、天に向かって泣いて暮らした。

両親が泣いてばかりいたので、家運はだんだんと傾き、田畑もすべて人手に渡ってしまい、貧乏になった。それでも親は、娘がいなくなってしまったと泣き暮らしていたが、もしかして娘が帰ってくるかもしれないと思い、桑の木だけは絶対に売らずに残していた。ある晩のこと、消えた娘が母の夢枕に立ち、「来年の三月十四日の朝、土間の臼の中を見てください」というと、笑顔で消えた。両親は待ちわびて、ついに三月十四日になった。土間の臼の中をのぞいたところ、夢に出た娘の言うとおり、面の長い、馬のような顔をした虫がたくさんいた。その虫を、桑の葉を食べさせて育てると、やがて真っ白な繭を作り、その繭から糸を取って機織りをすることができた。その織物を売って、娘の父と母は収入を得ることができ、やがて田畑もすべて元のように買い戻すことができた。親は、娘からの贈り物と言って、この馬の顔の虫を皆に分けて、村が潤っていったという。

このことから、桑の木で、馬と娘の人形を作り、繭からできた布で、剥いでしまった馬の皮の代わりに服を着せて祀った。これを「オシラサマ」という。東北には今も「オシラサマ」を大事にする伝統が残っている。

4 「オシラサマ」伝説が残したもの

「オシラサマ」伝説は岩手県から青森県に広く分布していて、町や地域によって少しずつ話のバリエーションが違います。また、「オシラサマ」を大事にしないと、口がへの字に曲がってしまったり、男の子が生まれなくなって家が滅びてしまうなど、祟りがあるといわれています。しかし、菅原道真が学問の神様であるのと同様、絹織物という「恩恵」を与えてくれる神様でもあるわけです。

つまり、「オシラサマ」伝説のポイントは、一つには、両親を心配して天から見守っている、馬と娘を祀る民間信仰ということですが、もう一つは、東北における「養蚕」と「絹織物」の起源とされていることです。繭の色の白さと、女性が吉兆を知らせてくれるということで、「オシラサマ」と呼ばれているのです。

一方では祟りをなす、荒ぶる神であり、馬は、突然殺され「非業の死」を強いられた代償として、自分にとって最も大事な、しかも自分を殺した人物にとっても、最も大事な「娘」をさらってしまうわけです。娘を失ったことによって、没落した夫婦は、桑の木だけは売らずに残し、毎日、木の前で娘の帰りを祈っていました。この祈りが通じて、蚕を授けてくれた。「祟りをなす神」の怒りが収まることによって、「恩恵を与える神」に変わったのです。その恩恵にあずかることで、村そのものが豊かになり、発展することになります。

「祟り神」というのは、祟りをなした相手をじっくり観察しているのです。つまり「見守っている」ということは、怒りが解けたあと、本当に困った時には「助けてくれる神」に転じるというのが、ポイントです。

日本人はかつて、共同体の中の最も厳しい制裁を「村八分」だとしました。（火事と葬式以外は）「無視されること」こそ、私たちにとって、一番つらく、こたえる仕打ちなのです。日本人は、そうやって制裁を与えることが、やがて許すことにつながるのを、自然と身に付けていったのではないでしょうか。

「先祖を粗末にすると祟られる」という考え方も、「霊の存在を無視する」のが、死者にとって最もつらく、悲しいことだと考えていたわけです。逆に、忘れることなく念入りに弔っていれば、自分たちに恩恵を与えるような存在に変わってくれる、と考えていたのです。

5　民話を語ることの重要性

震災や災害に関してはどうでしょうか。民話や伝説に基づいて考えてみると、「荒ぶる神」や「祟りや怨霊」によって、突然、それまで自然の恩恵に従って、継続していた生命を絶たれてしまう。そうした状況を「非業の死」として、たとえ天災の犠牲者であっても「不遇の死」だと考えたのかもしれません。そうした状況で亡くなってしまった人は、天に昇ったあとも、オシラサマの娘のように、自分たちと同じ犠牲者が生まれないように、そして村が発展し、人々がこれ以上悲しまないように、常に見守っている、と考えたのではないでしょうか。

見守っているということは、オシラサマの蚕のように、村に新たな産業を興したり、さらに豊かに発展することを望んでいるのではないでしょうか。二度と同じような災害で犠牲者が出ないように、そして、もう一度、災害前の生活を取り戻し、さらなる発展を遂げるよう、多くの犠牲者の霊が願っているということです。

そうした祖先の恩恵に対して、私たちは、「忘れない」ことで応えるべきではないでしょうか。昔の人は「非業の死によって生まれた神」を、「民話」「伝説」によって粗末に扱わないようにしたのではないかと思うのです。民話によって、たとえ後世に災害の直接の記憶は薄れてしまっても、犠牲者となった先祖の霊が神々として私たちを見守っていることを感じ、彼らの存在を語り継ぐことで、後世の村人が、同じような犠牲を出さないよう、災害から得られた教訓を残そうとしたのではないか。それこそが「民話に隠された知恵」なのかもしれません。

そう考えると、今回の東日本大震災の犠牲者も、もちろん悲しい、残念なことですが、しかし他方で、さまざまな教訓を残してくれました。私たちはそれを語り継ぐことによって、将来、もっと多くの人々が「助かる道」が開かれるのではないかと思うのです。そうやって見守られているということを常に意識して生活しなければ、未来は開けないような気がします。

第二段　復興が気になる霊たち

1　亡くなった人を身近に感じること

三陸の怪異譚を取材していると、「幽霊も復興を望んでいるのではないか」と思う話が少なからず集まってきます。従来「怪談」といえば、「祟り」や「恐怖」という感覚が先に立つという人も多いはずです。恐怖のあまり「ゾッ」と寒気が走る、怪談話は夏の風物詩になっているほどです。もちろん霊は夏にしか出ないわけではなく、霊を語り、涼を得るという、クーラーがなかった時代の人々の生活の知恵として「夏の風物詩」になった側面もあるでしょう。

それは、昔の人もわかっていました。ですから、冬に出る幽霊もたくさんいます。代表的なものは「雪女」ではないでしょうか。冬の寒い時には「不用意に外出してはいけない」という「行動規範」の一つとして、幽霊や妖怪が使われていたのではないかと思うことも少なくありません。本書でご紹介した「寒戸の婆さま」も、「北風の吹く日にいつまでも外で遊んでいると、寒戸の婆さまに連れて行かれちゃうよ」と言い聞かせて、子供が暗くなって事故に遭うのを防いだとされます。

妖怪や幽霊譚は、地域の行動規範として、あるいは地区のタブーや危険を知らせる機能として語られてきた側面があります。ですから、単なる目撃談に終わらず、聞く者に恐怖を感じさせることで、怖れを知って危険に近づかないよう、勝手な行動を自制するように仕向ける、教育的役割を担っていたのです。

本書で紹介した昔話の怪異譚には、単におどろおどろしい、恐怖によって脅すタイプの怪談だけでなく、ホッとしたり、温かい気持ちになったりするものが少なくありません。もらい泣きをしてしまうようなものもあります。いずれも「不思議」な内容で、現代の科学ではなかなか理解できないものばかりですが、怪談が恐怖を与えるばかりではなく「希望」や「生きて行く力」に転じることも、十分に可能だということではないでしょうか。

東北の方々に話を聞いていると、「死んだ人の分まで」という言葉を、ふと漏らすことがあります。なぜでしょうか。その人がそう自分に言い聞かせて納得しているだけではなく、そういう人は、震災で犠牲になった先人の霊魂の実在をどこかで感じており、その霊たちが自分たちに「長生きしてほしい」「幸せになってほしい」と願っていると、信じているからではないかと思えるのです。

もちろん、この科学万能、オカルト排斥の風潮の今の世の中で、霊の存在を真正面から認める人はなかなかいません。霊を見たと証言したり、死者が「見守っている」と口に出すのは、恥ずかしいことだと考えているわけです。霊といえば、怖い怪談話でないと成立しないと思い込んでしまっているのかもしれませんが、いずれにせよ、なかなか重い口を開いてくれないものです。

しかし、震災から年数が経過した今、区切りをつけて、将来に希望を持つような新生活や、昔の生活をとり戻そうと前向きに頑張っている人たちは、その原動力の一つとして、犠牲になった人々が自分たちをどこかで見守ってくれているという、共通した死生観をもっているのではないかと思います。そんな方から聞いた「不思議」な話を、以下に紹介していきます。

取材に応じ、話をしてくれた人たちの前に現れたという、震災の犠牲者の霊は、いずれも自分が住んでいた地域の復興と、生きている人々の幸せを願っていました。

2 奇跡のお地蔵様

これは、震災の傷がまだ残るものの、人々の生活がやっと戻ったと言えるようになった福島県で聞いた話です。


あの日から五年が過ぎたある日。その日はまだ三月なのに、ゴールデンウィークのような暖かい日であった。

陸前高田市の「奇跡の一本松」、あの津波の災禍を生き残った松を多くの人が称賛した。これほど有名でなくても、近隣には似たような木や物が非常に多く残されている。この町でも同じで、川沿いの小さなお地蔵様が、津波の前と同じように残っていた。地元のコミュニティー新聞で少し話題になったくらいで、全国的にはあまり話題にはならなかったが、それでも、町の中では「不思議なことがあるものだ」といって、ありがたがられていた。

街の役場では、お地蔵さまが小さかったことで、津波とがれきは上を通過したのではないかと噂されていた。お地蔵様を守っていた祠や、お地蔵さまがあることを示していた幟（のぼり）などはきれいに流されてしまって、跡形もなかった。

津波の時、このお地蔵様の横にある川を、津波が遡って、多くの被害が出た。川の堤防を乗り越えて、波が襲ってきて、家も人も海に引き込まれてしまった。祠も幟もそうやって海の中に消えてしまったに違いない。しかし、小さなお地蔵様だけは、そこに昔のまま鎮座していたのである。川沿いに残ったものは、このお地蔵様だけといって過言ではなかった。

「ありがたいことじゃ。水の中からもずっと見守ってくださった」

街の古老は、そういって、仮設住宅や復興住宅からお参りに来ていた。古老に言われて、徐々に多くの人がお参りするようになっていた。

「ここの周りも、昔のようになればいいのになあ」

「お地蔵様もそう願っているだろう」

ここに来てお地蔵様をお参りする人は、口々にそういった。

震災直後、お地蔵様の周りは、ひどい状態だった。がれきの山が堤防に引っかかるように山になっていた。がれきを片付けた後、周囲は更地になったままで、建物が建つことはなかった。川の堤防の横に、祠も何もなく、ポツンとお地蔵様があって、他には何もない野原が広がっていた。昔は人々が行きかう町があり、そして子供たちが遊んでいた。

「今年もこの日が来たなあ」

この年、震災から五年後の三月十一日、昼から午後にかけて、役場主催の慰霊祭があり、その後、人々は思い思いにお墓参りに行ったり、家族で過ごすなどしていた。中でも多かったのは、今は更地になっている元の家や会社の跡地、または人が亡くなったと思われる場所、そして海に向かって祈りをささげる人々の姿であった。

多くの人が祈りを捧げていた。しかし、親や親族に連れられている子供の中で、当時幼すぎて記憶のない子供や、生まれていなかった幼い子供たちにとっては、何もないところでただ退屈な時間が過ぎていくだけだった。

「あの、お地蔵様のところで待っていてもいいわよ」

何人かの親たちは、子供たちを集めて、お地蔵様のところで遊ばせた。見守る母親は、子供たちが川に落ちないようにだけ、気を付けていた。それ以外はただの野原で、危険なことはあまりない。

子供たちは、お地蔵様の周りで自由に遊んでいた。

「お爺さん、そこで何しているの」

お地蔵様の横に連れられてきたまだ幼い子供が、人影を見つけて声をかけた。

「かわいい顔しているねえ。いや、町がすっかり変わってしまって」

お爺さんは、すっかり弱り切ったように、周囲を見回した。

「本当に、何もないものね。野原ばっかり」

子供、といっても、五年前にはまだ赤ん坊だったか、ひょっとしたら生まれていなかったか、その子供にとっては、三月十一日も記憶に残っていないのではないか。一人の子供が話していると、他の子供も集まってきた。

「お爺さん、ここで何をしているの」

子供たちは、大人たちが何をしているのか非常に気がかりであった。普段は、自分の近くに常にいる大人たちが、自分のことを放置して大人たちだけで何かやっているのである。不思議に思って当然かもしれない。優しそうなお爺さんは、堤防の坂のところに座ると、子供たちに言った。

「うん、ちょっと道に迷っちゃって」

「へえ、大人が道に迷うなんておかしいね」

子供たちは笑った。近くにいる大人の女性は、子供たちの何人かがいきなり堤防の芝生に座ったので何事かと思ったが、おとなしく何か話しているので、そのままにしておいた。他の子供たちの様子を見るので目いっぱいだ。

「お爺さん、どこに行きたいの」

「家に帰りたいんだよ」

子供たちは周囲を見回した。家に帰りたい。その言葉に何となく静かになってしまった。子供たちの中には、親がこのまま迎えに来ないのではないかと心配になる子もいた。

少しして、お爺さんが話を続けた。

「みんなが生まれる前、大きな地震があって、そして津波がこの町を呑み込んだんだ。みんな、地震があったらどうしなければならないかわかるかな」

「高いところに逃げるんだよ」

「そうだ。そうしないと、海の中に沈んじゃうんだ。津波に巻き込まれると、それは苦しいから、大変だぞ」

「お爺さん、なんだか巻き込まれたことがあるみたいね」

子供たちはくすくす笑い始めた、そこにいたお爺さんも笑い始めた。

「ここには、もっとたくさん家があって、人が暮らしていたんだよ。でも津波で家が全部流されちゃって、どこに行っていいかわからないんだ」

「そうなんだ。でも、ここのお地蔵様は、昔からあるって。お父さんが言ってたよ」

一番初めに話しかけた子供が、そう言った。お爺さんはにっこり笑って子供の頭を撫ぜた。

「ありがとう。ここのお地蔵様が目印なんだ。何しろ全部流されちゃったからね。このお地蔵様の横に青い壁の家があったんだ。そう、思いだしてきたぞ」

そういうとお爺様は立ち上がって、お地蔵さんの方に向かった。子供たちもお爺さんに従った。

「どうしたの」

「お地蔵様にお礼を言わなきゃ。お地蔵様は我々が困ったときに、必ず道を教えてくれる。君たちも覚えといて、何か迷ったときはお地蔵様に教えてもらうといいよ」

お爺さんは、にっこり笑うと、そっとお地蔵様に手を合わせた。子供たちも手を合わせて、目をつむった。そして目を開いたとき子供たちの前を多くの人が川から町、いや更地の方に歩いているのが見えた。子供たちは皆顔を見合わせた。こんなにたくさんの人がいるとは思わなかったからだ。

「お爺さん、なんだか怖い」

「怖がることはない。誰も君たちに悪いことはしない。皆家に帰りたいだけだ。このお地蔵様が道を教えてくれた。だから、みんなお地蔵様の前を歩いているんだ」

「でも、なんで川からくるの」

「それは、五年前にみんな流されてしまって……」

「そうなの」

子供たちは、言っていることの意味がわからずに不思議そうな顔をした。戸惑ってしまって何を言っていいかわからないようだ。

「さあ、お爺さんも家に帰らなきゃ。みんな、話を聞いてくれてありがとう。町の元気なみんなと話せてうれしいよ」

お爺さんは、そういうと、目の前を歩いている生気のない人々の中に入り、子供たちに手を振りながら歩いて行った。

ずっと、子供たちを見ていた若い女性は、その時、お爺さんの代わりにお地蔵様の前を何か、得体のしれない薄い光がゆっくりと元の町の方向に動いてゆくのを見た。心配になった女性は、子供たちのところに来たが、子供たちはおとなしくお地蔵様に向かって手を合わせていた。

「お爺さん、なんだかうれしそうだったね」

「ちゃんと家に帰れたかなあ」

子供たちは口々にそう言っていた。

「お爺さんって誰」

「見なかったの。優しいおじいちゃんだったよ」

「他にもたくさんの人が歩いていたんだよ」

「お地蔵様がみんな知ってるんだって」

子供たちは口々に言ったが、何も見ていない女性には何のことかわからなかった。子供たちの笑顔が輝いていた。

3　がれき整理の手伝いをする幽霊

岩手県三陸地方の南東部に位置し、二つの川の河口がある町で聞いた話です。震災の年の十一月に取材しました。製鉄所のあった大きな市から山を越えてこの町に入るとすぐ、海に面して大きながれきの山がいくつもあり、その奥に、パチンコ屋が営業していて、そこだけ津波の被害がなかったかのように、多くの車が駐車場に停まっていたのを見て、この町の一番大きな防波堤すら決壊してしまったのに、どこか納得しきれない気がしたのを覚えています。この町には、知り合いが多くいたので、たくさんの話を聞くことができました。その中の一つです。

この町では、地震に津波だけでなく、火災まで発生しました。千人を超える行方不明者を出したこの町では、幽霊話はそれほど珍しくはありません。震災後少したつと、日常会話のはしばしにのぼる、珍しくない噂話の一つになっていました。

昼夜を問わず、市街地や林の中などに、死んだはずの人がしばしば出てくるのです。震災で町の人口の一割を超える人が亡くなっているのですから、本当に人がいなくなった、というのが多くの人の実感です。私にも、震災後、「助かったんですか」と会話した人が、あとになって、実は死んでいたと判明した経験があります。本当に、ついさっきまで一緒にいた人が大勢、津波で一瞬のうちに亡くなってしまったのですから、私たちもそうと気がつかないことがたくさんありました。

それまで幽霊といえば、この世のものとは思えない怖い形相で近寄ってきて、見えると祟られたり、とり憑かれるものと思っていました。お化け屋敷のお化けが、そのまま出てきたような、見るからに幽霊なのだろうと思っていたのです。

でも、実際に幽霊に遭遇してみると、そんなことはありませんでした。あまり元気がない感じがするだけで、町に現れてくるのです。そんな中で、あの事件が起きました。

噂話に聞くのは、生きている人と見分けがつかない幽霊ばかりではありません。津波の威力というのは、身体を引き裂いてしまうほどですから、腕がなかったり足がなかったり、頭の一部が欠落した幽霊を見たとか、この町では火事もあったので、全身真っ黒に火傷していたり、炭のように黒い幽霊を見たという人もいました。

そんな環境なので、震災直後は幽霊も出やすかったのかもしれません。仲間も多いし、それほど淋しくないようにも感じられました。というのも、実は、がれきの後片づけの手伝いに「彼ら」が出てくることが少なくなかったのです。

震災からしばらくの間、町のはずれに山になっていた、がれきを分類して整理するのが私の仕事でした。津波で多くの人が亡くなってしまった上に、家が流されたりして、内陸に避難してしまった人が多く、町の人口はかなり減ってしまっていたのです。

その上、何もしないでいても補償がたくさん出たものですから、あまり働く気もしないし、また働きたくても、海はがれきが多くて船も出せません。船そのものも流されてしまったり、漁網や養殖の筏も流されたり壊れたりで使えません。魚の加工工場も、もともと海沿いにあったので、すっかり壊れて、設備も流されてしまい、仕事をする場所がなかったのです。働きたくても働けない、船を新しく買うお金もなく、金庫から家財からすべて流されてしまったのですから、生活費だけもらっても、働く場所も手段もない状態が続きました。そのために、結局、パチンコ屋に行くぐらいしか、やることがなかったのです。

そんな時期ですから、慣れないがれきの整理も、なかなか気乗りがしませんでした。やはり抵抗を感じたのです。がれきといっても、つい数か月前までは、誰かが使っていたものですし、愛着があったであろうものが多く見つかるのです。そんなに大きな町ではないので、住んでいた人のことはよく知っています。

そんな人々の思い出の品を、分類して捨てていいと判断するのには、抵抗を感じるのです。あえて強調したいのは、被災地以外の人は「がれき」という言い方で、ゴミの延長のように受け取るかもしれませんが、私たちにとっては、津波の被害で壊されたり、あるいは持ち主がわからなくなったものでも「大事なもの」だということです。

しかし、町の中に、いつまでもがれきが山積みになっているのも困ります。早く復興しなければなりません。そのために、若者を中心にした有志が、役場の指示に従って、がれきの整理をやっていました。でも、そんな事情ですから慢性的に人手が足りません。毎日作業に加わっても、遅々として進まないのです。

そんなある時、私が作業していると、がれきの中からオルゴールが出てきました。オルゴールの箱を開けると、中には、あの津波をくぐり抜けてきたにもかかわらず、指輪が一つ入っていました。このような「思いが詰まっている」であろうものは、処理に困ります。一緒に作業していた人に聞いても、どうしたらいいのかわかりません。もちろん、オルゴールに名前などは書いていませんので、誰のものかもわかりません。

「音は出るのか」

私が班長に相談すると、そう言われました。そういえば確かめていなかったと思い、ゼンマイを巻いて鳴らしてみると、ちゃんと音が出ます。津波で流され、このがれきの山に埋もれていた割には、壊れていませんでした。しかも、何かを察したかのように、ショパンの「別れの曲」が鳴り始めたのです。

「なんだろう」

「ちょっとよけておこう。もしかしたら持ち主が見つかるかもしれない」

私は、そのオルゴールに指輪を入れたまま「再生」と書いたコンテナの中に入れました。

しばらくすると、私たちの近くで女性が作業をしているのに気づきました。私の班には女性はいないはずでしたが、しかし、町が派遣してくれたボランティアに女性が含まれていることもありますし、また隣の班にボランティアが混ざっている可能性もあります。その女性はとりわけ違和感なく、作業着に身を包んで、手際よくがれきの山を片づけていたのです。

「ありがとうございます」

「いえいえ」

女性は、作業の手を休めることなく、明るい声でそう言いました。

「あんまり頑張りすぎないでくださいね。女性でこの仕事はつらいですから」

私が何気なく、このように声をかけると、

「いや、せっかく指輪が出てきたから、おそろいのネックレスも探さないと」

そういえば、女性はオルゴールが出てきたあたりをずっと探しています。

「ネックレスがあったんですか」

「ええ、プレゼントされたものなのよ。でも彼と別れちゃって。なんだか悔しいから別れの曲のオルゴールに入れておいたんだけど、彼とまた会えそうだから」

女性は何事もなかったように、そう言いました。ああ、やっぱりオルゴールの持ち主はいたんだ。でも同時に、疑問も湧いてきました。なぜ、今見つかったばかりなのに、彼女は指輪のことを知っているのでしょう。それに、なぜネックレスとセットだと言い出したのでしょうか。頭の中に、さまざまな疑問が駆けめぐります。

「もしかして君は……」

「えっ、私？」

女性は手を休めて腰を伸ばすと、ゆっくりと私の方に顔を向けました。すると、その顔には目がなく、鼻も口もほとんど見えません。今から考えると、津波で何かが当たって、つぶされてしまったのでしょうか。しかし、その時の私に、そんなことを考える余裕はありませんでした。私は、声を上げる間もなく、その場で気を失ってしまったのです。

「おい、しっかりしろ」

班長がすぐに駆け寄ってくれました。実は、がれきの整理をしていると、さまざまな化学物質ががれきの中に混じっていることがあって、気分が悪くなったり、怪我をしてしまったり、場合によってはウイルスを媒介するネズミや虫に刺されてしまうこともあるので、十分な注意が必要です。そのこともあり、班行動になっているのですが、私も気分が悪くなって倒れたということになりました。

「班長」

「何も言わなくていい。少しゆっくりしよう」

他の班が作業を終えるまでの間、私は今起きた話をしました。すると班長はこんなことを言ったのです。

「そういう思いの詰まったものが、この山の中にたくさん入っているんだ。そういうつもりで我々は仕事をして、早く終えないといけないな。まあ、今日帰ったらゆっくり休んで、回復したらまた来てくれ。それと、私もたまにそういうのを見るから、君の話を信じるよ。でも、手伝ってくれているんだからいいじゃないか。ネックレス、心がけておくよ」

ネックレスは数日後、オルゴールの出てきた場所の近くで見つかりました。ちょうど彼女が一生懸命に探していた場所です。彼女はそのことを知って探していたのでしょう。班長の話では、彼女だけでなく多くの幽霊が、探し物を手伝ってくれるといいます。彼らが探しているであろうものは、「供養するもの」としてまとめておくそうです。地震の三回忌に、オルゴールと指輪とネックレスが、誰のものかはわかりませんが、祭壇に供えられていたのを見て、彼女も安心しているのではないかと思っています。

震災の後、津波だけでなく火事にも見舞われてしまった被災地がありました。津波の水と火災の火に挟まれて、逃げ場を失った人は少なくなかったでしょう。そのような場所では、犠牲者がどうしても多くなってしまいます。助かった人も「大事な物」を持ち出すことができなかったり、あるいは持ち出して逃げていても、最終的に身に着けていることができなかったのではないでしょうか。この怪談話は、そうした町の、がれきの山の処理中に起きた出来事です。

幽霊が自分の大事なものを探しているという怪異譚は少なくありません。最も怖いパターンは、バラバラになってしまった自分の身体の一部を探している幽霊が出てくるものです。その場合、失った身体の一部を取り戻したいと探しているだけでなく、やがて生きている人の身体がほしい、よこせと言い出して、恐ろしい話に発展することがあります。たとえば右手がいつまでも見つからない霊が「貴方の右手をちょうだい」などと言ってくるパターンです。またほかにも、事故の廃墟などから、何か物を拾って持ってきてしまうと、それを幽霊が取りに来るというパターンもあります。たとえば指輪などを持ってきてしまうと、いきなり見ず知らずの人から電話がかかってきて、「返して」と言われてしまう、といった話です。

いずれも、聞く者の恐怖を煽る話であり、また「無関係な人」がひょんな出来心から不幸に巻き込まれたり、幽霊のわがままに引きずられたりするパターンです。しかし、被災地で語られていたのは、そうした恐ろしい話とはまったく違いました。自分の大事なものを、がれきの山の中から自分で探すという話です。犠牲者の霊が「生きている人に任せておいたら、いつまでたっても埒があかない」と感じたのかもしれませんし、また他方で、「生きている人はただでさえ忙しいから、自分のものは自分で何とかしよう」と殊勝に考えた、という解釈もできるような気がします。

この話のポイントは「がれきの山」は「ごみの山」ではなく「多くの人の思い出や大事な物をたくさん含む、一種の宝の山」であるということです。思い出がつまった大事な品物は、「その人が生きていた証」です。その証が、誰からもかえりみられることなく、捨てられてしまうと、やはり、亡くなった人は悲しむのではないでしょうか。しかし、遺品の本当の重要性は、当事者にしかわかりません。だから、自分でやらなければならないと出てきたのかもしれません。

この話を語っていただいた人も、はじめは、女性が幽霊であるとわかりませんでした。震災発生から日が浅く、現場が混乱していたり、作業で忙しかったりしたこともあるでしょう。しかし、幽霊が当然のことのように自分の前に現れて、一緒にがれきの分類をしている。そのことに違和感がなかったという被災地の状況を、私たちは心に留めておくべきではないでしょうか。

亡くなった人の大事な物、生きていた証を、生き残った人が「大事に扱う」というのが大切なのでしょう。そのことが、将来にわたって震災の記憶を「語り継ぐ」精神的な基礎となる。私に話を聞かせてくれた人も、そのグループの班長も、そのようなことをわかっていたのではないかと思います。

4　二重の結婚式

その日、智子さん（仮名）は結婚式を迎えた。

この結婚式から六年前のあの日、町は海に呑み込まれてしまった。海沿いの事務所にいた智子は、地震後、祖父母のいる海沿いの自宅に戻り、すぐに母とともに祖父母を避難させた。高台から、自宅のある地区が黒い波の中に消えてゆくのを、何もできない悔しさで頬を涙で濡らしながら見ていた記憶は、今も忘れない。

数日後、がれきの山の中から、父と兄が遺体で見つかった。遺体の安置所に並んでいた父と兄の遺体を見て、もう目を覚まさないとわかっていても、そう叫ばないわけにはいかなかった。

「お父さん。目を覚まして」

祖父母は、その場で倒れてしまった母に付き添うことで、智子自身と弟までは手が回らなかった。

徐々に被害の大きさがわかってきたところで、婚約者であった宏（仮名）も行方不明になっていることがわかった。水産加工会社の作業をしていて、津波に巻き込まれたと、智子は、その会社の生き残った人から聞いた。智子は、何か自分のことではないかのように呆然とその話を聞いていた。宏とは津波の日の一か月後、四月の初めに結婚式をする予定であった。

「私も死ねばよかった」

自暴自棄になった智子がそう言うたびに、祖父母は智子を叱った。

「宏さんも、智子が助かって喜んでいるんだ。あの人の分まで生きなければ」

「そんな、喜んでいるはずがないじゃない。」

「なんてこと言うんだ」

そんなことも、一度や二度ではなかったのだ。

そんな智子も時間がたつにつれて、徐々に元気を取り戻してきた。いや、一家の大黒柱が無くなってしまった家にとって、智子が働くことが家族の支えになった。智子にとっても、忙しさで失ったものや抱えきれない悲しみを忘れるように、復興や仕事に精を出して働いた。また、津波の前と町の様相が変わってしまったので、新しい仕事に慣れるまではがむしゃらに働かなければならなかった。

「いつも一生懸命なんですね」

優しく声をかけてくれたのは、東京から復興の手伝いに来ていた信夫であった。徐々にこの信夫と親しくなり、そして、自分のことを話すようになった。

「その指輪きれいですね」

「これは……」

少し恋心が芽生えてきた智子にとって、唯一自分の指に残された宏との思い出の指輪のことを話すことが最も辛かった。

「前にお話ししていた、宏さんの思い出ですか」

「そうなんです」

震災後、智子は初めて宏のことを話した気がした。それだけ自分の中に溜まった大きな黒い塊が、信夫に話すことで溶けてゆくような気がした。

「結婚してください。決して宏さんの代わりにはなれませんが、智子さんの支えにはなれると思うんです」

信夫は、智子に告白した。しかし、智子は断った。信夫は、復興が終わったら東京に戻ってしまう。祖父母や母や弟を置いて自分だけ幸せになることはできない。何よりも、他の人を好きになることは、宏を裏切るような気がしてしまったのである。しかし、何度目かの告白、そして、そのことを知った母の強い勧めで、信夫と結婚することになったのである。信夫も、復興が終わってからもこの町で暮らすという。いつまでも母に心配をかけるわけにはいかない。

宏のことは心の中にしまって、智子は結婚することにしたのである。

智子の希望で、今は更地と海しか見えない津波の前からある神社で、結婚式を挙げた二人は、そのまま披露宴に向かった。披露宴では、震災などのつらいことには触れず、お祝いムードで進んだ。披露宴の余興が終わりかけたころだった。「それではしばらくご歓談を」と司会者が言ったとき、事件は起こった。

「ザザー……ザザー……」

スピーカーに雑音が入り始めた。まだ新しい設備のはずなのに、雑音が入るのはおかしい。スピーカーの接続を見たり、あるいは一度音響のスイッチを切ったりしていた。

「ザザザー……ザザザー……」

音響係の苦労もむなしく、切れぎれの雑音は、徐々に大きくなっていった。その雑音の中に、絶対に忘れない、あの日の音、津波に似た音が混ざっていたのだ。

「ギギッ……ギギギギギギッー」

引き裂くような音が確かに聞こえた。津波で家が壊され、徐々に流されていったときの音がかすかにしたのである。

「ごめんなさい」

智子は、新婦の席で泣き始め、突っ伏してしまった。

この土地の人間ではない信夫には、そもそも津波の恐怖も、その音も全く分からない。ただおろおろするだけで、どうしてよいかわからなかった。わずかな時間だが、会場も凍り付き、静まりかえった。しかし、次の瞬間、

「ゴボゴボ……智子……おめでとう。応援してる」

ほとんどの人には聞こえなかった。しかし、智子にはしっかりと聞こえた。他にも何人かが天井を見上げた。その声はスピーカーではなく、何か温かいものが降り注ぐように、天井から聞こえたのである。それまでの恐ろしさは無くなり、温かいものに包まれたような、そんな気がした。智子には、見上げた天井に、宏の笑顔が見えたように感じた。もちろん信夫やほかの人には見えない。

智子は、今度はうれしさで泣き始めた。宏が自分の結婚を祝ってくれている。新しい門出を喜んでくれているのではないか。そう思ったのだ。スピーカーからは、いつの間にか何の音も出なくなっていた。

「皆さん、機器の故障で大変失礼いたしました」

司会は、なるべく平静を装ってそう言った。披露宴はそのまま無事に終わった。

「ねえ、これ」

結婚式が終わって、新婚旅行に行かない智子のところに、友達たちが遊びに来た。その中の一人が申し訳なさそうに、写真を持ってきた。先日の披露宴の写真だという。その中の一枚、新郎新婦の座る席を撮ったものであった。

「あっ、これ」

新郎新婦の座る席、向かって左に、新郎の信夫が、そして左に新婦の智子が座っていた。しかし、その智子の右側に、なぜか作業着を着た人物が写っているようなのである。その作業着は、今はない水産加工会社の制服に似ていた。

「これ、宏さんよ」

智子は、当然のことのように言って、信夫に見せた。他の写真にも、その制服のような服を着ている人物が写っていた。しかし、どれも顔はよくわからなかった。その写真を見た信夫は、何も言わずに笑顔を返した。

この話を伺ったのは、宮城県気仙沼市で知り合った、この話の新婦さんである智子さんのお母さんでした。震災から何年もたち、新しく子供が生まれ、あるいは新たなカップルができて、さまざまな新しい物語が始まっています。智子さんのように、婚約者が犠牲になって哀しみに暮れている人でも、新しい物語を、過去の人を忘れることなく歩み始めているのです。

5　銀行の行列

次の話も、前に触れた、岩手県の私になじみのある町で、町おこしを手伝った時に、そのイベントを手伝っていただいた地元の女性から聞いた話です。この町ではかなり晩婚のほうになってしまったといいながら、仕事の合間に、涙を流しながら話してくれたのでした。「動いていないと死にたくなっちゃうから」と言って、頑張っている姿が非常に印象に残っています。彼女は今でも心の中で彼を思いながら、独身でいるとのことです。

震災の被災者には、自分の家族や大事な人を失った悲しみを、今も抱えている人が大勢います。震災から一年がたって、徐々に震災の記憶が薄れてきても、いまだに何もない「街」を見ると、やはり、そこにあった昔の街並みを、そして大事な人のことを思い出してしまいます。

私も、婚約していた彼を失いました。婚約指輪をもらって、結婚式も夏に挙げる予定でしたから、二人で誰を披露宴に呼ぶか、新しい家の家具をどうするか、そんなことを話し合っていた矢先のことです。いきなりあの地震が襲ってきて、津波がすべてを流してしまいました。

私はあの時、家の中にいました。彼が助けに来てくれて、そして二人で逃げたのですが、すぐに津波が押し寄せてきました。二人で手をつないでいたはずなのに、その手はいつの間にか離れ、私は波間に浮いていた家の上に、たまたま打ち上げられました。彼の手のぬくもりがまだ残っているように感じられたのに、彼はどこにもいません。

それからしばらく、私はすべての避難所を回って彼を探しました。どこにも見つかりませんでしたが、彼がきっと避難所ではなく、私のことを探して街の中を歩いているように思えて、私も随分、町の中を歩きました。

歩いてみると、私の知っている「街」ではなくなっていたことを思い知らされました。いたるところにがれきや、人の暮らしの痕跡があって、中には、まだ息があるように見える遺体を見かけたり、近寄ると、手だけがあるというようなことも経験しました。

それでも私は、もしかしたら彼が生きていて、どこかで私のことを探しているのではないかと思って、死ぬこともできないまま、三か月間、探しつづけました。途中何度か、死のうと、彼のところに行こうと思いました。でも、そのたびに彼がどこかにいるかもしれないと思って、あきらめることができませんでした。避難所にいるおばあさんが、「彼が助けてくれた命だから、大事にしないとだめだよ」と声をかけてくれました。私はその通りと思いましたが、それでも心に空いた穴はどうすることもできません。

震災からちょうど一年たった時です。本当に、ちょうど三月十一日。もうさすがに、頭の中では彼が死んでしまったとわかっています。普段は明るく振舞っていますが、それでも何かあると彼を思い出して、ふさぎ込んでいました。

皆さんには何もない土地にしか見えないところも、昔は、そこに街があって、私たちの思い出があったのです。新しい建物ができて、別の人がそこで新たな暮らしを始めていれば、忘れることもできるのかもしれませんが、復興がなかなか進まないので、何もない土地になってしまっています。私の目には、昔の街並みと、優しかった彼の元気な姿がどうしても思い出されてしまうのです。

早く復興してほしい、でも、復興しても私だけ幸せになるわけにはいかないのではないか、と思うようになっていました。「復興を見届けたら、彼のところに行こうか」とも思っていたのです。

三月十一日の一周忌、バスに乗ろうと外出したら、財布の中にお金がないことに気づいて、仮設の銀行ATMに行くと、それはすごい人だかりです。

「もう、急いでいるのに、何でこんなに人がいるんだろう？」

私にとっても大事な彼の一周忌です。私の家族は無事でしたが、彼のために慰霊祭に行かなければなりません。それにしてもATMの前には、何人もの人が並んでいるのです。

「すみません、急いでいるんですが、早くしてくれませんか」

「すみません」

なかなか前に進まない列の前の方に、私はたまらず声をかけました。

そういってATMから出てきたのは、なんとその「彼」だったのです。

「えっ！」

「いや、早く復興しないと、大事な彼女が幸せになれないから、少し時間がかかってしまって」

「あなた……雅夫君」

しかし、その声は声にならず、消えてしまいました。そこで気づいたのですが、前に並んでいる人すべてが、なぜか水に濡れていたのです。みんなこちらを振り返って、そして微笑んでいました。

「ごめんね、今日は一周忌だから……」

そういうと彼は、徐々に薄くなっていきました。前に並んでいるおじさん、その前のおばさんも透けていて、彼らの身体を通してATMが見えるのです。

「待って、待って雅夫君」

もう何がなんだかわからなくなっていました。彼は、笑顔で近寄ってくると、私の肩を叩き、そして手を振って消えて行ってしまいました。

「復興がんばれよ。見てるからね」

彼は最後にそう言ったのです。

私はその場で泣き崩れました。他の人が見たらどう思うでしょう。銀行のATMの機械の前、少し離れたところに、私以外誰もいないのに、泣き崩れていたのですから。しかし、その時、ちょうど一周忌で来たのでしょうか。お坊さんが通りかかってくれたのです。自動車をわざわざ停めて、車から降りてきてくれました。

「お嬢さん。亡くなった方に会われたのですね」

私は声も出せず、泣きじゃくりながら小さくうなずくことしかできませんでした。

「亡くなった方のほとんどは、今生きている人が幸せになってくれることを望んでいます。生きている人には、そのことがわからないので、絶望の淵に立たされますが、それでは先に逝かれた方にとって、心残りとなります。亡くなった方の成仏は、今生きている、亡くなった方の大事な人が幸せになること、心配をかけないようになることが大事で、そうやって心配事がなくなれば、仏様の元に行くことができるのです。もしできれば、今日のような日に大事な人の思い出話をしてあげて、それ以外の時は、大事な人が生きている時以上に幸せになれるよう頑張って生きてください。何かあれば、改めて私のところに来てくださいね」

お坊さんは、そのまま私を車に乗せて、慰霊祭の会場まで連れて行ってくれました。

今では、なぜATMの前に、亡くなった方々がたくさん列になっていたのかわかるような気がします。生きている私たちのために、少しでも役に立てるように、お金をおろそうとしていたのではないでしょうか。

彼は今でも行方不明のままです。でも、彼のためにも、そしてあの地震を忘れるためにも早く復興して、幸せになろうと思います。もちろん彼のことを忘れることはないと思いますが……。

こうして「彼のために幸せになる」と語っていただいた女性の思いこそ、最も尊いのではないでしょうか。

話の展開としては、少々できすぎのように感じた方もいらっしゃるかもしれません。しかし、災害とともに婚約者が突然いなくなってしまい、自暴自棄になってしまった女性が、また新たに「生きようと思い直す」きっかけとして、どのような体験を精神的に必要としたのか、そして「彼のために生きよう」と前向きに考えるようになるまでに、彼女の心の中でどんな苦しいトンネルを抜けねばならなかったか、よくわかる話ではないかと思います。天災で愛する人を失い、どん底に突き落とされた人が、生きるために特別な脳内物質を分泌して、ありえないものが見えたり、亡くなった大切な人と会話したりする、という事態が起きたのかもしれません。

彼女の前に本当に彼の霊が現れたのかどうか、実際に肩を叩かれて会話をしたのかはわかりません。しかし、彼女にとって、それくらいのことがなければ、「生きる希望」や「目標」を取り戻すことは難しかったかもしれないのです。ですから、彼女にとって、ここに書かれたことは真実であり、ほかの人が否定しようとも、揺らぐことはないと思います。

亡くなった人が見守っている。犠牲になった人が手助けしてくれるという美談は、今回の取材で、他の被災地でも数多く聞くことができました。昔話や童話の世界では、死んだ人とはっきり記す代わりに、「必ず誰かが見守ってくれています」というように、「幽霊」ではなく他の「使い」の動物や、お地蔵様が見守っていることになっている場合があります。

最も有名なのが「鶴の恩返し」でしょう。罠にかかって困っていた鶴を助けてあげたら、その鶴が嫁に来てくれて、鶴の羽で織った布で、裕福に暮らせるというものです。古事記や日本書紀にも出てくる「見てはいけない」ものを見てしまい、すべてが終わってしまうという物語の要素も見られますが、良いことをすれば、それを見ている異界の誰かがいるというのがポイントです。また「六地蔵」も、雪の日に傘や手ぬぐいをかけてあげたお地蔵様が、恩返しとして、食料や反物を困った家に届けてくれる話です。意地の悪い人と、親切な良い心がけの人を対比して書いたのが「舌切り雀」と「花咲か爺さん」ではないでしょうか。このように「霊」とはっきり言わなくても、村のどこにでもいるお地蔵さまや、スズメや鶴などの動物も、常に私たちを見守っていて、良いことをしてくれた人には、恩返しをしてくれる、という民話がたくさん残っているのです。

動物やお地蔵様ですら見守ってくれているのですから、今まで一緒に暮らしていた同郷の親しい人たちが、たとえ災害のようなことがあって、思いがけず亡くなったとしても、見守ってくれていないはずがありません。そう考えて、悲しみを乗り越え、新たな希望に変えていかなければならないでしょう。

新たな希望とは何でしょうか。町が復興し、生きている人が幸せになること、この二つに尽きると思います。復興は希望というだけではなく、亡くなった先人たちに対して、さらには未来を生きる私たちの子孫に対して、今生きている人々が負うべき責任なのかもしれません。この女性の話を聞いていて、そう思いました。その考え方こそ、日本人の死生観にふさわしい、死者との向き合い方ではないか。これが今回の取材を通して得た、私のささやかな結論なのです。

おわりに

二〇一一年三月十一日、午後二時四十六分、東日本を襲ったマグニチュード9の地震は、長時間続く大きな横揺れでした。東京などで高い建物の上層にいた人は、強い揺れがいつまでも終わらないように感じ、本当に怖かったといいます。震源から距離があったこともあり、地震による建物への直接的な被害は、直下型の阪神大震災のほうが大きかったかもしれません。

しかし、東日本大震災で、地震の被害以上に、より強く人々の印象に残ったのは、津波の脅威ではなかったかと思います。犠牲となった方の多くも、津波によるものだったでしょう。もちろん津波以外の理由で被災された方々も大変お気の毒ですが、現在もまだ行方不明という中には、津波に遭われた方が多いと思います。

この未曾有の震災を目の当たりにして「私にも何かできることはないだろうか」と考えた人は少なくなかったはずです。もちろん私も、その一人でした。

たまたま、私が以前所属していた国会新聞社の主幹の松橋氏が、東日本大震災の被災地の中でもとくに大きな被害を受け、首長である町長を震災で亡くしつつも、懸命に復旧の努力をしていた岩手県大槌町の出身でした。その縁で、その前に勤めていたマイカルという会社を退職後、国会新聞社に入社するまで、しばらく大槌町の町おこしを手伝っていた私にも、なじみのある土地だったのです。

「何かしなければ」という気持ちは、被災地と縁があったり、友人がいたりすると、さらに強くなります。私も東北を元気にしたいと思い、さまざまなボランティアに従事しました。気仙沼や石巻の被災地を屋台村とともに回って縁日を催し、フランクフルトを焼いたり、友人のデイサービスの開業を手伝いました。中でも一番大きなイベントは、地震の年の八月三十一日に、イタリアのサッカーチーム、ACミランのOBを集めた「ACミラングロリエ」と、JリーグOBチーム「Jエスペランサ」とのチャリティー試合を、宮城県のユアテックスタジアムで開催したことでしょうか。パンフレットに「実行委員」として私の名前が入っているのを見ると、当時の労苦とともに、多くの方々に喜んでいただいたことを思い出します。

しかし残念ながら、被災地では一向に復興が進みませんでした。

マイカルという会社に勤めていた時に、阪神大震災を経験した私にとって、復興によって新たな建物が建ち、新たな街で生活できる人が増えていくことは、昔の街並みが消えてしまうさみしさこそあれ、震災の記憶を新たな希望にする光だと思います。しかし、復興が一向に進まないと、いつまでも悲しみだけが残ってしまうことになるのです。

復興が進まない理由はいろいろあるのでしょう。東北三県の海沿いに続く広大な「更地」を見ると、いつでも、いくらでも建物は建てられるだろうと考えてしまいます。しかし、そこに街を再建して元の住民が戻ってくることができないよう、当時の政府は決めてしまいました。新たに山を切りくずし、あるいは高台を一から造成しなければなりません。また海が見えなくなり、太陽の光までさえぎるような、巨大な防潮堤を作ることも決めました。その工事に時間がかかっていて、なかなか終わりません。こんなことで、本当に町は復活できるのでしょうか。このほかにも福島には、原子力発電所の事故処理の問題も残されています。

悲しみがいつまでも残るというのは、どういうことでしょうか。昔の町に対する思い出と、そして亡くなった方への思いが残ってしまうということです。マスコミではほとんど報じられませんでしたが、震災後の被災地では、「亡くなられた方々」が「復興していない町に出てくる」という「幽霊譚」が頻々と語られていたのです。震災後、東北の復興を手伝っているうちに、あちこちで、立場も被災地とのかかわり方も違ういろいろな人たちから、「幽霊」の話をよく耳にするようになりました。

とりわけ、本編に収録した、宮城県の被災地の神社周辺で聞いた「母親と子供たち」の話が、私の心に残りました。それまでなんとなく聞き流していた「怪異譚」は、ただの「怪談」ではなく、「自分はいいから、大事な人に何とかして生きてほしい」という亡くなった人たちの願いであり、それが会話にのぼるということは、亡くなった人たちのことを少しでも長く記憶にとどめようとする、無意識の人の心のメカニズムではないか。

私は、東北の復興を手伝っているつもりでしたが、亡くなった方々の、そういう切なる願いに応えようとしてきただろうか。先人たちは、今のように沿岸部に広大な更地を残し、いつまでも仮設住宅に住み続けねばならない現状を望んでいたのだろうか、という疑問が生まれたのです。

やがて私の中に「復興の手伝い」だけでなく、「亡くなった方々の思いを伝えなければならない」という思いが強くなってきました。それから三陸に行くたび、または被災地で知り合った人と首都圏や関西の避難先で会うたびに、その私の考えをお伝えして、話を聞かせていただくことにしたのです。そうやって集めた「怪異譚」の取材メモは、五百枚を超えました。作り話のようなものもあれば、どこかで聞いたことがあるような内容も少なくありません。

しかし、それらは、「作り話だから」とか「非科学的だから」と排除していいものではないように思います。幽霊譚が語られる背景や、話の中に込められた被災地の方々の心に思いをはせるべきではないでしょうか。

今回、その内容の一部を、飛鳥新社の協力を得て、まとめることができました。本書では、震災後に語られた不思議な話を単に列挙するのではなく、そこに込められた人々の思いを、東北の人々が伝え、信じてきた民話や民間伝承と重ねてご紹介し、「このような古くからの言い伝えが残っているところで、震災後、こういう怪異譚が語られていた」という共通性や、背景について掘り下げるよう、心がけました。

「心の復興」という言葉があります。がれきの山に囲まれ、避難所というプライバシーのない場所で大変な思いをしたこと。住み慣れた家や今までの隣近所のつきあいから切り離されて、プレハブの仮設住宅で慣れない生活をしていること。生と死の境界が混乱する被災地で、亡くなっていった人たちへの思いはどのようなものだったでしょうか。震災後の東北では「口コミ」で、幽霊にまつわる不思議な話が語られていながら、同時期のマスコミが、被災地への配慮やオカルト批判を恐れ「自粛」の名のもとに、触れようとしなかったことは、日本人の精神世界、「スピリチュアル」な「霊性」という側面からみた心の復興に、問題を投げかけたのではないか。そのことを少しでも、感じていただけたらと思います。

なお、取材で話を聞かせていただいた人の中には、名前や自分の町・地域を特定できるように書かないでほしいと、希望された方が少なくありません。なぜなら「お化けの町として全国に知られたくない。それで風評被害を受けたくない」という気持ちを、私に強く訴えてこられたのです。

震災後、一部の人々の間で、とくに福島県産の農産品に関し、それに近いような風評被害があったことに、東北の人々は非常に傷ついています。そのため本書では、市町村名の特定をできるだけ避けるよう、記述を工夫しました。また、個人名もほとんどは「仮名」とさせていただきましたこと、お断りしておきます。風評被害は、震災による犠牲だけでなく、今を生きる東北の人たちの多くに、それだけ深い傷を残したのです。とりわけ原子力災害にまつわる一部の政治的な主張によって、傷ついた人は少なくないのかもしれません。

本書が、そのような方々の「深い傷」を癒やすことができるとは思いません。それよりも、被災地以外の人々が、被災地の人々の心に寄り添い、犠牲になった方の心情を、少しでも理解しようとする契機となれば、これにまさる喜びはありません。

亡くなった方も、自分の家族に幸せになってもらいたいと願っているはずです。早く街が元通りになって、被災前の生活を取り戻してほしいと、誰よりも強く希望しているのは、亡くなった人である、と考える。それが日本人の死生観ではないか。霊といっても怖いものではなく、我々を見守っている存在と、古くから日本人は考えてきたのではないか。

ですから、本書では、亡き人の「心の叫び」を聞き取れるようなエピソードを、ご紹介させていただくよう努めました。今回の取材を進めるうちに、不思議だけれども心に響く話を、たくさん聞かせていただき、いくつもの涙と、悲しみの中の笑顔を目撃しました。

犠牲になられた方々は、悲しいことですが、帰ってきません。それでも、生きている側はその現実を乗り越えなければならないのです。亡くなった方々の心の叫びとともに、被災地で頑張っている人々の励みとなるよう「見守っている」エピソードを多く収録したつもりです。不思議な話が多くなったのは、被災地の主人公がどのように今を生きているか、その心を偽りなく書こうとした結果かもしれません。本書の記述から、それを読み取っていただければ幸いですし、単行本が思いがけない好評を博し、このたび文庫版として再刊されることで、より多くの人に、日本人の心を感じていただく機会になれば、これ以上の喜びはありません。

東日本大震災の後、熊本で大きな地震があり、また各地で豪雨災害などが起きました。それらの災害に見舞われた場所でも、やはり不思議な話が語られています。東北に限らず、日本人は「ひとの心を思う」ことが非常に多いので、民話や民間伝承とともに語られるのは自然な成り行きかもしれません。日本人が歴史的に言い伝えてきた「霊性」は、たとえ非科学的と言われようと、現在に生きる私たちにも数多くのことを語りかけているように思います。

最後に、本書をまとめ、そして増補文庫版を出版するにあたり、飛鳥新社の工藤博海氏には多大なお力添えをいただきました。この場をお借りして感謝の意を表します。

二〇二〇年一月

著者識（しるす）

【著者略歴】

宇田川　敬介（うだがわ・けいすけ）

フリージャーナリスト、作家。1969年東京都生まれ。1994年中央大学法学部卒業、マイカルに入社。法務部にて企業交渉を担当。合弁会社ワーナー・マイカルの運営、1995年に経営破綻した京都厚生会の買収、1998年に初の海外店舗「マイカル大連」出店、1999年に開業したショッピングセンター小樽ベイシティ（現ウイングベイ小樽）の開発などに携わる。マイカル破綻後に国会新聞社に入社、編集次長を務めた。著書に『日本文化の歳時記』『庄内藩幕末秘話』（ともに振学出版）、『どうしてだめなの？「世界のタブー」がよくわかる本』（笠倉出版社）『日本人が知らない「新聞」の真実』（祥伝社新書）などがある。

震災後の不思議な話　三陸の〈怪談〉　文庫版

2020年2月4日　第1刷発行

著　者　宇田川敬介

発行者　土井尚道
発行所　株式会社　飛鳥新社
〒101-0003 東京都千代田区一ツ橋 2-4-3　光文恒産ビル
電話（営業）03-3263-7770（編集）03-3263-7773
http://www.asukashinsha.co.jp

装　幀　森　裕昌（森デザイン室）

印刷・製本　中央精版印刷株式会社

ISBN 978-4-86410-741-9

編集担当　工藤博海